Margot Käßmann (Hrsg.)

Die Welt *hinterfragen*

Dokumente eines Aufbruchs

edition chrismon

Margot Käßmann (Hrsg.)

Die Welt *hinterfragen*

Dokumente eines Aufbruchs

Inhalt

6 **Die Welt hinterfragen** – Dokumente eines Aufbruchs
Vorwort von Margot Käßmann

12 **…die Tor macht weit!**
Einführung
Ulrich Schneider / Torsten Zugehör

I.
18 **Reformation bewegt**
Der Europäische Stationenweg
Michael Bünker / Johannes Göring

II.
28 **Reformation vor Ort**
Beobachtungen zu den Themenwochen des
Wittenberger Reformationssommers

30   1   **Festwoche** Christina aus der Au
36   2   **Europa** Arne Lietz
42   3   **Ökumene** Gerhard Feige
48   4   **Bildung** Konrad Raiser
54   5   **Gerechtigkeit** Elia Gretel Cecilia Ochoa Zuniga
60   6   **Wirtschaft, Arbeit und Soziales** Rita Süssmuth
66   7   **Interreligiöser Dialog** Walter Homolka / Aiman Mazyek
74   8   **Frieden** Roger Mielke
80   9   **Spiritualität** Mechthild Werner / Fritz Baltruweit
86   10 **Menschenrechte** Wolfgang Huber / Meike Dobschall
92   11 **Eine Welt** Patrick Roger Schnabel
98   12 **Familie, Lebensformen, Gender** Ilse Junkermann
104 13 **Bibel und Bild** Michael Bünker
110 14 **Medien** Bettina Wulff
116 15 **Bewahrung der Schöpfung** Sven Giegold
122 16 **Die Botschaften von 2017** Irmgard Schwaetzer

III.

128 Die Tore stehen offen

Die Torräume der Weltausstellung Reformation

Lukas Meyer / Gabriel Schimmeroth

IV.

158 Einblicke und Ausblicke

Perspektiven auf den Wittenberger Reformationssommer

160   1 **Das Kulturprogramm auf der Weltausstellung**

André Schmitz

166   2 **Beobachtungen einer Wittenbergerin** Eva Löber

172   3 **Ich bin ein Teil davon – Rückblicke von Volunteers**

Jasmin School / Jana Pannier / Roberto Geovanni Rodriguez Montesinos

178   4 **Als Aussteller auf der Weltausstellung**

Kathrin Jahns / Silvia Mustert / Fabian Vogt

184   5 **Eine Zeltstadt für die Jugend – KonfiCamps in Wittenberg 2017**

Tobi Bernhard / Jan Janssen / Katharina Kentsch

Die Welt hinterfragen –
Dokumente eines Aufbruchs

Vorwort

Dr. Margot Käßmann,
EKD-Reformationsbotschafterin
für das Reformationsjubiläum 2017

VORWORT | Die Welt hinterfragen – Dokumente eines Aufbruchs

Stellen Sie sich vor, das 500-jährige Reformationsjubiläum steht an und Sie müssten entscheiden: Wie gestalten wir das Jubiläumsjahr? Und das entscheiden Sie nicht allein, sondern viele, viele haben Ideen: Staat und Kirche, Städte und Kirchengemeinden, Künstlerinnen und Musiker, Poeten und Intendantinnen, Historiker und Theologinnen.

Klar war von Anfang an: Wir wollen andere Akzente setzen als in den zurückliegenden Jahrhunderten. Das Jubiläum soll spiegeln, was sich entwickelt hat in den vergangenen Jahrzehnten. Und so gab es zunächst einen längeren Anlauf durch Themenjahre. Da wurde durchbuchstabiert, was die Reformation für die Bildung bedeutet hat, für die Musik, die Politik, die Ökumene. Besonders wichtig war wohl das Themenjahr zur Toleranz. Es hat im Vorfeld ermöglicht, sich mit den Schattenseiten der Reformation zu befassen: Mit Luthers Antijudaismus, den gewalttätigen Auseinandersetzungen, den gegenseitigen Verwerfungen. Das führte bis hin zur offiziellen Distanzierung von Luthers Judenschriften durch die Synode der Evangelischen Kirche in Deutschland im November 2015.

Evangelische Kirche und Deutscher Evangelischer Kirchentag gründeten schließlich einen Verein, der die Planungen übernommen hat, r2017 e. V. Fünf Säulen sollten das Jubiläumsjahr prägen:

 Der Stationenweg, ein Reformationstruck oder auch Geschichtenerzählbus, der 67 Städte in Deutschland und ganz Europa besuchte (vgl. S. 18 ff.).

 Ein großer deutscher Evangelischer Kirchentag in Berlin mit parallel stattfindenden kleineren Kirchentagen auf dem Weg in Mitteldeutschland.

 Ein zentraler Festgottesdienst am 28. Mai 2017 vor den Toren Wittenbergs.

 Das KonfiCamp, ein Begegnungsort für Konfirmandinnen und Konfirmanden (vgl. S. 184 ff.).

 Und schließlich die Weltausstellung Reformation von Mai bis September 2017 in Wittenberg.

Die Weltausstellung lag mir als Reformationsbotschafterin der EKD von Anfang an besonders am Herzen. Das hat zwei Gründe. Der erste ist, dass sie die Möglichkeit geboten hat, einen entscheidenden Akzent zu setzen: Im Jahr 2017 feiern wir nicht deutsch-nationalistisch wie in früheren Jahrhunderten, sondern weltoffen, in globaler Perspektive. Auf meinen Reisen zu den verschiedenen Partnerkirchen in aller Welt habe ich erlebt, wie wichtig das ist. Reformation wird gefeiert in Guatemala, wo 2017 in der Hauptstadt ein Reformationsdenkmal errichtet wurde. Reformation hat Bedeutung in Tansania, wo die Bischöfe dieser großen lutherischen Kirche überlegen, was erneuerte Spiritualität für sie heißen kann. Reformation ist Thema in Indien, wo die reformatorischen Kirchen engagiert sind in der Bildungsfrage. Und es ist gelungen, das auf der Weltausstellung sichtbar zu machen.

Die Botschaften, die von Wittenberg aus in alle Welt gingen, kamen nach Wittenberg zurück – etwa als am »schools500reformation Day« Schülerinnen und Schüler aus Ruanda, den Philippinen und den USA das »Global Pedagogical Network« ins Leben riefen. Sie haben sich lange vorbereitet und vernetzt und werden diese Vernetzung evangelischer Schulen, Hochschulen und Bildungseinrichtungen nach 2017 weiter ausbauen. Ein eindrücklicher Akzent, der in die Zukunft weist. Oder das »Gasthaus Ökumene«: Jede Woche waren dort jeweils drei Gemeinden aus aller Welt beisammen und haben gemeinsam Gäste bewirtet. Immer wieder, wenn ich dort war, gab es neue Geschichten. Welche Horizonterweiterung es etwa bedeutet hat, als kanadische und südafrikanische Gemeinden entdeckten, dass die Südafrikaner von den Kanadiern in Sachen Apartheid gelernt hatten! Und mit Blick auf den heutigen Versöhnungsprozess mit den Ureinwohnern in Kanada war die Frage: Was können wir aktuell voneinander lernen?

Zum anderen hat die Weltausstellung langfristiges Lernen ermöglicht. Ich hätte mir gewünscht, dass noch viel mehr Menschen das wahrgenommen hätten. Als Beispiel will ich die Themenwoche zum Dialog der Religionen nennen. Als wir im »en miniature« nachgebauten House of One am selben Tag morgens christliche Andacht hielten, mittags ein muslimisches Freitagsgebet und abends Schabbat Schalom gefeiert haben, hat mich das nachhaltig berührt. Hier ging es um eine reformatorische

VORWORT | Die Welt hinterfragen – Dokumente eines Aufbruchs

Zukunftsfrage, in der viele kleine Veranstaltungen nachhaltige Akzente gesetzt haben (vgl. S. 66 ff.).

Als ich den lutherischen Bischof aus dem isländischen Skálholt und seine Frau über die Weltausstellung geführt habe, sagte er: Könnt ihr das nicht dokumentieren? Das sind so viele Anregungen, die andere Kirchen in der Welt aufgreifen könnten. Genau das versucht dieser Band. Er gibt einen Einblick in die Weltausstellung. Und vor allem zeigt er: 2017 war ein Aufbruch. Wir haben erlebt, wie vielfältig, international, dialogfähig die reformatorischen Kirchen heute sind. Und jung sind sie. Das hat die Beteiligung von 15 000 Konfirmandinnen und Konfirmanden, 42 000 Pfadfinderinnen und Pfadfindern sowie der Studierenden bei der Summer School gezeigt. Von hier aus können wir Kirche im 21. Jahrhundert angesichts der Herausforderungen unserer Zeit gestalten.

Ganz herzlich möchte ich allen danken, die an diesem Buch mitgearbeitet haben. Da sind zum einen diejenigen, die jeweils eine Themenwoche beobachtet haben und darüber berichten. Da sind aber vor allem diejenigen, die wacker für die Texte gearbeitet haben: Maren Springer-Hoffmann, Gabriel Schimmeroth, Meike Dobschall, Lukas Meyer und Kolja Warnecke (Fotos). Danken möchte ich an dieser Stelle auch Anke Jaehn, Sebastian Bente, Niklas Krieg, die die Weltausstellung mitgetragen haben. Danken möchte ich auch Annegret Grimm, die das Projekt von Verlagsseite betreut hat, sowie Ulrich Schneider, der für den Verein 2017 das Buch ermöglicht hat. Danken will ich auch Swetlana Varol und Sibille Reiner, die von meinem Berliner Büro aus meine Präsenz koordiniert haben. Sie alle gehören der jüngeren Generation an. Wenn ich ihr Engagement sehe, mache ich mir um die Zukunft der Kirche keine Sorgen. Die Weltausstellung 2017 dokumentiert einen Aufbruch, der langfristig wirken wird. Davon bin ich zutiefst überzeugt.—

Margot Käßmann
Wittenberg im September 2017

...die Tor macht weit!

Einführung

Ulrich Schneider und Torsten Zugehör

EINFÜHRUNG | …die Tor macht weit!

…die Tor *macht weit!*

TORSTEN ZUGEHÖR
Oberbürgermeister der Lutherstadt Wittenberg

ULRICH SCHNEIDER
Geschäftsführer des Reformationsjubiläum 2017 e.V.

Am 20. Mai 2017 klingt das Adventslied »Macht hoch die Tür« über den Wittenberger Markt: Die Weltausstellung Reformation wird unter der Überschrift »Tore der Freiheit« eröffnet. Es ist ein fröhliches Eröffnungsfest mit der Predigt der Botschafterin des Reformationsjubiläums Margot Käßmann und mit Grüßen des Bundespräsidenten Frank-Walter Steinmeier. Der Ratsvorsitzende der Evangelischen Kirche in Deutschland Heinrich Bedford-Strohm öffnet symbolisch das Tor in die sieben Torräume.

Mit der Eröffnung der Weltausstellung Reformation zieht in diese Stadt ein neuer Zauber ein. Der Zauber des Sich-Begegnens, des Aufeinander-Zugehens, des Miteinander-Redens. Das ist gleich am ersten Tag zu spüren: Der Truck des Europäischen Stationenweges kommt nach 67 Stationen in 19 Ländern in die Stadt und bringt Fragen, Geschichten und Erinnerungen mit. Das, was vor 500 Jahren von der Stadt an der Elbe in die Welt hinausgegangen ist, kehrt zurück – und der Reformationssommer kann beginnen.

Vom Kirchentag auf dem Weg und dem Festgottesdienst bis zur Weltausstellung Reformation, von den Themen- und Länderwochen bis zu

ERÖFFNUNG
des Torraums »Welcome« am Bahnhof von Wittenberg; Gäste vor der begehbaren Lutherbibel.

EINFÜHRUNG | … die Tor macht weit!

GÄSTE
(Bild li.) und Volunteers bei der Eröffnung der Weltausstellung Reformation.

EUROPAALLEE:
Die Banner aus den 67 Städten des Europäischen Stationenweges weisen den Besucherinnen und Besuchern den Weg in die Innenstadt und in den Rundgang der Weltausstellung Reformation.

den Konzerten – es ist alles einerseits ein Sommermärchen und andererseits die Metamorphose einer Stadt. Gut, wer das miterleben kann.

Der Weg zum Reformationssommer und zur Weltausstellung war manchmal steinig. Auch weil wir wussten, dass wir manchen Sorgen und Vorbehalten begegnen würden. Gemeinsam haben wir viele Fragen beantwortet und auch Zweifler auf den Weg mitgenommen.

Drei Jahre und ein Dutzend Sitzungen lang hat die Projektleitung[1] die Weltausstellung Reformation entwickelt, Wettbewerbe begleitet, Themenwochen entwickelt, Ausstellerinnen und Aussteller gewonnen und kulturelle Highlights konzipiert. Die Menschen in Wittenberg haben sich in drei Stadtgesprächen zahlreich an der Planung »ihrer« Weltausstellung beteiligt. Und die städtebaulichen Veränderungen der letzten zehn Jahre sind unübersehbar: Dieses »neue« Wittenberg ist ein Zeichen des Aufbruchs, ein Zeichen für Erneuerung von und durch Menschen.

Vor diesem Hintergrund blicken wir ab 20. Mai 2017 in die Zukunft. Die »kleinste Großstadt der Welt« strahlt deutlich über sanierte Mauern und Fassaden hinaus. Bei den Begegnungen Tausender aus aller Welt im Reformationssommer diskutieren Menschen aus Stadt und Landkreis und viele Besucherinnen und Besucher über drängende Fragen unserer Gesellschaft: Was bedeutet Glauben in einer zunehmend säkularen Welt? Was heißt es, sich in einer von Kriegen gebeutelten Welt nach Frieden zu sehnen? Wie gelingt es, die Schöpfung zu bewahren oder Gleichberechtigung zu leben?

Sechzehn Themenwochen haben diese Fragen aufgegriffen. Und mehrere Tausend Menschen kamen am 20. Mai auf dem Marktplatz zusammen: bei einem ökumenischen Gottesdienst mit der symbolischen Öffnung der Tore der Freiheit und mit viel Musik.

Schnell entstand ein neues Wirgefühl in der Stadt zwischen denen, die hier schon immer leben, und denen, die hier ausstellten, diskutierten und die Weltausstellung Reformation gestalteten. Und dieses Wirgefühl wuchs von Tag zu Tag, von Woche zu Woche. Am Ende können die einen mit Stolz sagen: Wir sind gute Gastgeberinnen und Gastgeber! Und die anderen sind gern zu Gast in dieser Ursprungsstadt der Reformation gewesen. Gemeinsam sind sie Sachwalter reformatorischen Erbes und des reformatorischen Fragens in der Gegenwart.

Was wird bleiben? Das hat die Menschen, das hat uns in der Lutherstadt Wittenberg und im Verein Reformationsjubiläum 2017 von Anfang an bewegt. Neben den spiegelnden Stegen am alten Bunkerberg oder dem großartigen Panoramabild des Künstlers Yadegar Asisi, die der Stadt erhalten bleiben werden, wünschen wir uns, dass wir – wie in diesem Reformationssommer – weiter ökumenisch, weltoffen und zukunftsgewandt Reformation leben. Klar ist: Es bleibt, woran unser Herz hängt. Wer nach kürzerem oder längerem Aufenthalt aus Wittenberg nach Hause fährt, wird viel im Herzen behalten. So geht aus dem Gefühl dieses Sommers sicherlich der Impuls hervor, weiterzumachen und weiter zu fragen.

Reformation heißt, die Welt zu hinterfragen. Mit diesem Satz startet die Weltausstellung Reformation, und die Frage nach einem neuen Aufbruch ist überall präsent.

Ob der Thesenanschlag durch Martin Luther wirklich stattgefunden hat, darüber werden Gelehrte auch nach 2017 forschen und sich streiten – wenigstens sind sich die Wittenberger diesbezüglich einig! Aber eines ist mit dem Reformationssommer gewiss: Vegetarier können Schmetterlinge im Bauch haben, und wenn Gott wirklich alles sieht, dann verdreht er auch manchmal die Augen! ——

---

[1] Margot Käßmann, Tim Arnold, Jelena Auracher, Ingeborg Berggreen-Merkel, Johann Hinrich Claussen, Jürgen Flimm, Richard Gaul, Katrin Göring-Eckardt, Chris Patricia Hänsel, Andreas Heller, Hans W. Kasch, Marlene Kowalski, Christoph Lanz, Siegfried Luther, Rascha Osman, Stefan Rhein, Bernd Schiphorst, André Schmitz, Christiane Schulz, Torsten Zugehör.

I.
Reformation bewegt

Der Europäische Stationenweg

Michael Bünker und Johannes Göring

DER EUROPÄISCHE STATIONENWEG

Reformation bewegt – der Europäische Stationenweg

BISCHOF DR. MICHAEL BÜNKER
Bischof der Evangelisch-Lutherischen Kirche A.B. in Österreich

»Der Europäische Stationenweg ist ein starkes Zeichen für das Miteinander in Europa. Er ist … genau die Idee, die wir jetzt in Europa brauchen. Wir müssen über Grenzen hinwegkommen«, so sagte es der Ratsvorsitzende der EKD, Landesbischof Heinrich Bedford-Strohm, anlässlich der Eröffnung des Europäischen Stationenweges am 3. November 2016 in Genf. Damit war der Auftakt gesetzt – wohlüberlegt nicht im Land Martin Luthers, sondern in der Stadt Calvins, die heute der Sitz internationaler Organisationen und die »Hauptstadt der Ökumene« ist. Denn es war von Anfang an eine Intention des Projekts, die gesamteuropäische Dimension der Reformation sichtbar zu machen.

Der Europäische Stationenweg sollte – so das Konzept vom Februar 2015 – ein kommunikativer Auftakt der Aktivitäten im Jubiläumsjahr 2017 werden. Die Idee war, die Vielstimmigkeit der Reformation in der heutigen Vielfalt Europas erfahrbar zu machen. Dabei waren drei Aspekte bedeutsam: Zuerst die regionalen Wurzeln und Ausprägungen der Reformation, dann ihre vielfältigen Wirkungsgeschichten in den unterschiedlichen Kontexten und schließlich die Gegenwartsbedeutung der reformatorischen Impulse für Kirchen, Städte, aber auch für einzelne Christinnen und Christen.

An manchen Orten – wie etwa in Emden – ließen sich alle drei Aspekte unter dem Leitthema von Flucht und Migration eindrücklich miteinander verbinden. So wurde an vielen Orten die Relevanz des reformatorischen Aufbruchs für das 21. Jahrhundert überzeugend aufgewiesen.

Letztlich hat der Weg 67 Stationen in 19 europäischen Ländern miteinander verbunden. Die Verantwortung für die einzelnen Stationen trugen 47 evangelische Kirchen und in einem Fall – Cambridge – auch die Church of England. So wurde der Stationenweg auch ein starkes Lebenszeichen der evangelischen Kirchen Europas, die seit der Leuenberger Konkordie von 1973 in Kirchengemeinschaft miteinander verbunden sind. Aber der Stationenweg war – wie das Reformationsjubiläum insgesamt – keine rein innerevangelische Angelegenheit. Vom Start in Genf bis hin zum Ziel in Wittenberg am 20. Mai 2017 war der Stationenweg ökumenisch ausgerichtet und gestaltet. Manche Stationen, wie etwa Stadthagen oder Nürnberg, setzten im Programm ganz bewusst interreligiöse Schwerpunkte.

Organisatorisch war der Stationenweg ein gemeinsames Projekt der Evangelischen Kirche in Deutschland (EKD), des Schweizerischen Evangelischen Kirchenbundes (SEK) und der Gemeinschaft Evangelischer Kirchen in Europa (GEKE). Mit der operativen Durchführung war

CHUR – 14.1.2017
Zu einem #reformationssommer gehört auch der Winter, der uns jetzt hier in Chur erreicht hat. Da muss es nach dem Schneeschippen natürlich eine ordentliche Schneeballschlacht geben!

der Verein »Reformationsjubiläum 2017 e.V.« beauftragt, während die konzeptionelle Verantwortung bei einer eigens eingerichteten Projektleitung lag. Sie konstituierte sich am 5. März 2014. Da lagen noch viele offene Fragen auf dem Tisch, die Schritt für Schritt entschieden wurden. Dabei ging es um die Kriterien zur Auswahl von Stationen, das Auswahlverfahren und die Ausschreibung, mit der um Beteiligung am Projekt geworben wurde. Nachdem entschieden war, dass der Stationenweg als »Roadshow« gestaltet und ein Reformationstruck quer durch Europa touren wird, beschäftigte sich die Projektleitung mit der Gestaltung des Trucks, dem Ablauf der Tour und der Frage, wie die Begleitung eingerichtet werden kann.

DER EUROPÄISCHE STATIONENWEG

Als ein besonderer Glücksgriff hat sich erwiesen, dafür Volunteers zu gewinnen, die in verschiedenen Teams sowohl Auf- und Abbau wie auch die Betreuung vor Ort gewährleistet haben. Ihre Erfahrungen sind ein wertvoller Baustein in der Gesamtdokumentation des Stationenweges. Der Truck war als »Geschichtenmobil« konzipiert. Jede Station stellte sich durch einen kurzen Film vor, an jeder Station wurden Geschichten gesammelt, die Historisches zur Reformation, aber auch in sehr persönlicher Perspektive von ihrer Gegenwartsbedeutung erzählen. Eingebettet war der Reformationstruck an jeder Station in ein von der jeweiligen gastgebenden Kirche gestaltetes Programm, an dem sich an vielen Orten öffentliche Stellen, zivilgesellschaftliche Einrichtungen, kulturelle Initiativen und die Partner aus Ökumene und interreligiösen Beziehungen beteiligten. Dabei wurde ein großer Reichtum in einer Vielfalt erlebbar, wie sie sowohl für den Protestantismus wie auch für Europa typisch und kennzeichnend ist.

GENF – 3.11.2016
Unsere erste Station – und somit auch unser erster Aufbau – beginnt!

Eine besondere Aufgabe der Projektleitung war die Gestaltung des »roten Fadens«, also des verbindenden Elements zwischen den Stationen, durch das der Stationenweg zu einem Ganzen werden sollte. Dazu brauchte es die Abstimmung mit den Stationen und zwischen ihnen. Bei einem Vernetzungstreffen, das am 13. November 2015 in der Passionskirche in Berlin stattgefunden hat und an dem je zwei Vertreterinnen und Vertreter jeder Station teilnahmen, wurde in engagierter Weise neben vielen technischen und organisatorischen Fragen dieser Abstimmungsprozess zwischen der Gesamtsteuerung durch die Projektleitung und der autonomen Gestaltung vor Ort durchgeführt. Die Ergebnisse flossen in die weiteren Planungsschritte ein und bildeten die Basis für die Umsetzung des Projekts. Damit war die Voraussetzung geschaffen, dass das Gemeinsame und Verbindende deutlich geworden ist und gleichzeitig die bereichernde Vielfalt in aller konfessionellen, kulturellen und nationalen Verschiedenheit zum Ausdruck kommen konnte. Wer ab dem 20. Mai 2017 Wittenberg besuchte, wurde am Bahnhof vom Reformationstruck begrüßt und ging durch das Spalier der bunten Banner aller 67 Stationen. So konnte man dem Stationenweg im wörtlichen Sinn nachgehen und die europäische Dimension der Reformation mit ihren Impulsen und Auswirkungen bis heute intensiv erfahren.

Am 29. Juni 2017 fand die abschließende Sitzung der Projektleitung statt, bei der auch ein auswertender Rückblick auf das Gesamtprojekt gemacht werden konnte. Aus den Rückmeldungen der Stationen geht hervor, dass insgesamt rund 100 000 Menschen die 67 Orte besucht haben. Besonders erfreulich waren für die Verantwortlichen vor Ort die ökumenische Beteiligung und die Besuche von anderen Stationen und den Trägerorganisationen, die die Sinnhaftigkeit des Netzwerkes noch einmal unterstrichen haben. Manchen Stationen konnte im Rahmen der eintägigen Veranstaltung rund um den Reformationstruck auch der Titel »Reformationsstadt Europas« verliehen werden, der von der Gemeinschaft Evangelischer Kirchen in Europa vergeben wird. So bleiben diese Stationen auch über das Projektende, ja über 2017 hinaus im Netz der rund 100 Reformationsstädte Europas miteinander verbunden. Diese Verbundenheit wurde am 30. Juni 2017 bei einem Treffen in Wittenberg, an dem die Projektverantwortlichen, viele Vertreter und Vertreterinnen der Stationen, die Volunteers und andere am Projekt Beteiligte teilnahmen, fröhlich und dankbar gefeiert.

GOSLAR – 1.12.2016
Unsere zwei Ausstellungsstücke hier in Goslar. Es handelt sich dabei um Ausschnitte einer Plakatkampagne, die die Bevölkerung aufforderte, Ablass zu erwerben. Diese Plakate wurden damals in Form von Altpapier zur Buchbindung neuer Bücher genutzt, da Papier eine seltene Ressource war. Somit sind diese Plakate in Vergessenheit geraten und wurden nun von zwei Professoren zufällig auf der Rückseite eines Einbandes ausfindig gemacht.

Mit dem Stationenweg wurde ein Netz geknüpft, das es so bisher noch nicht gab. Es schafft eine Verbindung in Europa, das solche verbindende Initiativen über Grenzen hinweg dringend nötig hat. Europa – das ist aus evangelischer Sicht keine verklärte Vergangenheit, kein privilegierter Besitzstand, den es zu verteidigen gilt, sondern ein Zukunftsprojekt, in dem Gerechtigkeit und Menschlichkeit, Freiheit und Verantwortung in bereichernder Vielfalt gelebt werden können. Gottfried Locher, Präsident des

DER EUROPÄISCHE STATIONENWEG

STRASSBURG – 8.4.2017
Zur Eröffnung in Straßburg werden rund um unseren Truck rote Luftballons mit Gebetskarten verteilt, die sich dann gemeinsam in die Luft erheben werden.

Schweizerischen Evangelischen Kirchenbundes und der Gemeinschaft Evangelischer Kirchen in Europa, hat bei der Eröffnung des Stationenweges in Genf aufgerufen, aus der Retrospektive auf 500 Jahre Reformation eine Perspektive für unsere Kirche, unsere Gesellschaft, unser Land und ganz Europa zu machen. Reformation bewegt – das hat der Europäische Stationenweg in überzeugender und inspirierender Weise gezeigt.

Ein himmelblauer Truck
auf dem Weg durch Europa

JOHANNES GÖRING
*begleitete als hauptamtlicher Mitarbeiter
den Stationenweg*

Fünfzehn Volunteers stehen im Garten der Geschäftsstelle des Vereins für das Reformationsjubiläum. Es wird ein Lied angestimmt und ein Segen gesprochen. Ein Reisesegen für das Bevorstehende. Fünfzehn junge Menschen, die meisten haben gerade die Schule abgeschlossen, haben sich entschieden, einen himmelblauen 30-Tonner durch Europa zu begleiten. Eine Tour, die ihnen viel abverlangen wird, auf der sie persönliche und geografische Grenzen kennenlernen und gemeinsam überwinden werden. Eine Tour, die sie weiterbringen und verändern wird, auf der sie vieles erfahren und die sie mit einer Menge an Eindrücken, Erinnerungen und Erlebnissen gemeinsam beenden werden.

Es ist der 2. November 2016, der Start des Europäischen Stationenweges: Truck und Begleiter machen sich auf den Weg ins schweizerische Genf, zur ersten Station. Es ist alles aufregend und neu, und auch wenn man die letzten Wochen mit intensiver Vorbereitung verbracht hat, ist die Aufregung aller deutlich zu spüren. Aufregung und Neugier auf das, was da kommt. Es ist ein Aufbruch ins gewisse Ungewisse, man kann nie voraussehen, was auf dem Weg passiert. Aber es ist auch ein Aufbruch in einen ganz neuen Lebensabschnitt für die Heranwachsenden.

DER EUROPÄISCHE STATIONENWEG

Rund 25 000 Kilometer werden sie bis zum 20. Mai 2017 zurückgelegt haben – zu Fuß, im Auto, mit dem Schiff oder dem Flugzeug, um den Truck als unterschiedliche Teams immer wieder zu begleiten. Viele Gespräche werden sie führen, viele Fragen gestellt bekommen und auch selbst stellen. Verschiedene Kulturen und Sprachen werden sie kennenlernen genauso wie neue Sicht- und Lebensweisen. An fast jeder Station werden sie den Truck auf- und abbauen, die Besucherinnen und Besucher betreuen und begleiten, an Empfängen und Veranstaltungen teilnehmen und immer wieder neu über den Stationenweg berichten und zum Reformationsjubiläum nach Wittenberg einladen.

Und sie werden Geschichten sammeln. Geschichten zum Thema Reformation – historische, aber auch ganz persönliche. Ihre Erlebnisse halten sie in einem Blog fest, so wird der Weg für alle anderen dokumentiert und auch von Ferne erfahrbar gemacht. Ankunft in Genf, wo der Truck für drei Tage Station machen wird. Das erste Mal beginnt der Aufbau, der Showtruck wird ausgerichtet, aufgeklappt und ausgefahren und gibt im Inneren den knapp 30 Quadratmeter großen Ausstellungsraum frei. Noch geht alles sehr langsam und alle Abläufe werden zum ersten Mal erprobt. Bald schon werden die Handgriffe sitzen und der Auf- und Abbau wird in kürzester Zeit vonstattengehen. Alles wird vorbereitet für die ersten Besucherinnen und Besucher. Noch ist wenig zu sehen im Geschichtenmobil, doch die Dimension der Reise wird durch die große Karte auf dem Boden anschaulich. Zwar erhoffen sich Organisatoren und Begleiter einen regen Zuspruch für das Projekt, können aber noch nicht ahnen, dass über 100 000 Menschen das Geschichtenmobil und die Veranstaltungen im Rahmen des Stationenweges bis zum 20. Mai 2017 besuchen werden. Noch gibt es nur die zwölf Geschichten aus Genf, während der

DORDRECHT – 5.4.2017
Auf dem Weg vom Truck zur Trinitatiskapelle steht eine »Thesentür«, an welche Passanten ihre persönlichen Thesen und Wünsche anschlagen können. Unter anderem finden sich dort Aussagen wie »Eine Zukunft für Europa«, »Toleranz, Gespräch und Begegnung« und »Mehr Versöhnung zwischen Christen und Muslimen«.

Weltausstellung in Wittenberg sind es über 500.

»Kann ich vorausschauen, indem ich zurückblicke?«, steht als Frage über dem Stationenweg. Es geht nicht darum, nur den historischen Hintergrund der Reformation zu beleuchten. Es geht ganz klar auch darum, was Reformation heute bedeutet. Bewusst ist das Projekt europäisch und bewusst ist es auch ökumenisch. Sowohl konfessionelle als auch politische Grenzen zu überwinden ist ein wichtiges Kernthema nicht nur für den Europäischen Stationenweg, sondern auch für das gesamte Reformationsjubiläum.

CIESZYN – 8.2.2017
Ein Bestandteil unseres Stationenweges waren die Stationentore, die fast alle Städte selbst gestaltet haben. In ihnen fand sich das Banner jeder Station mit dem Motto des Stationentages vor Ort. Hier in Cieszyn war es (frei übersetzt): »Im Glauben in Christus und trotz unserer menschlichen Grenzen werden wir alles überstehen.« Ab dem 20. Mai 2017 hingen alle Stationenbanner in Wittenberg in der Europaallee.

Dass der Europäische Stationenweg wichtig war und ist, wird immer wieder betont von Besucherinnen und Besuchern, von Politikerinnen und Politikern und von Kirchenoberhäuptern. Der Stationenweg hat nicht nur die Dimension der reformatorischen Bewegung von vor 500 Jahren verdeutlicht. Er hat nicht nur aufgezeigt, dass »uns mehr verbindet, als uns trennt« im Dialog mit anderen Konfessionen und Glaubensgemeinschaften. Er hat vor allem gezeigt: Europa ist kein politisches Konstrukt, Europa ist etwas ganz Lebendiges. Die Begleiterinnen und Begleiter des Trucks starten in einen neuen Lebensabschnitt. Mit den Erfahrungen und Eindrücken, mit vielen Geschichten, die sie erzählen können, und: als überzeugte Europäerinnen und Europäer. ▬

II.
Reformation *vor Ort*

Beobachtungen zu den Themenwochen des Wittenberger Reformationssommers

1. **Festwoche**
   24. – 29. Mai,
   Christina aus der Au . *Seite 30*

2. **Europa**
   31. Mai – 5. Juni,
   Arne Lietz . *Seite 36*

3. **Ökumene**
   7. – 12. Juni,
   Gerhard Feige . *Seite 42*

4. **Bildung**
   14. – 19. Juni,
   Konrad Raiser . *Seite 48*

5. **Gerechtigkeit**
   21. – 26. Juni,
   Elia Gretel Cecilia Ochoa Zuniga
   Seite 54

6. **Wirtschaft, Arbeit, Soziales**
   28. Juni – 3. Juli,
   Rita Süssmuth . *Seite 60*

7. **Interreligiöser Dialog**
   5. – 10. Juli,
   Walter Homolka /
   Aiman Mazyek . *Seite 66*

8. **Frieden**
   12. – 17. Juli,
   Roger Mielke . *Seite 74*

9. **Spiritualität**
   19. – 24. Juli,
   Mechthild Werner /
   Fritz Baltruweit . *Seite 80*

10. **Menschenrechte**
    26. – 31. Juli,
    Wolfgang Huber . *Seite 86*

11. **Eine Welt**
    2. – 7. August,
    Patrick Roger Schnabel
    Seite 92

12. **Familie, Lebensformen, Gender**
    9. – 14. August,
    Ilse Junkermann . *Seite 98*

13. **Bibel und Bild**
    16. – 21. August,
    Michael Bünker . *Seite 104*

14. **Medien**
    23. – 28. August,
    Bettina Wulff . *Seite 110*

15. **Bewahrung der Schöpfung**
    30. August – 4. September,
    Sven Giegold . *Seite 116*

16. **Die Botschaften von 2017**
    6. – 9. September,
    Irmgard Schwaetzer . *Seite 122*

NACHT DER LICHTER
auf der Elbwiese mit den Brüdern von Taizé.

1

Festwoche

CHRISTINA AUS DER AU
Präsidentin des 36. Deutschen Evangelischen Kirchentags in Berlin und Wittenberg

500 Jahre nach dem Beginn der Reformation eröffnet der Reformationssommer in Wittenberg mit einem Fest. Auftakt und auch schon ein Höhepunkt ist der Evangelische Kirchentag in Wittenberg und Berlin. Nicht nur in Berlin, auch in Wittenberg feiern, hören, diskutieren, beten und singen die Menschen zusammen bei herrlichem Wetter – geprägt von einem beflügelnden Gefühl der Gemeinschaft. Die Straßen sind voll und dennoch scheint sich niemand daran zu stören. Es wird einfach enger zusammengerutscht – vor allem in den Schattenplätzen – und ein Gespräch mit dem noch unbekannten Sitznachbarn begonnen. Die Besucherinnen und Besucher des Kirchentages wollen sich begegnen, ob bei einer Bibelauslegung, dem offenen Singen oder einem Predigt-Slam.

»Du siehst mich« – ich sehe dich, die Losung des Kirchentages wird gelebt. Man kommt auf den Kirchentag, gerade um den Menschen zu begegnen. Würden die gleichen Leute in der Stadt aneinander vorbeigehen, würden sie sich zwar wahrnehmen, aber sich nicht richtig sehen. Das ist das Faszinierendste: die Lust der Menschen auf Begegnung.

So vielfältig wie die Besucherinnen und Besucher waren auch die Veranstaltungen. Fulbert Steffensky schaffte es in seiner gut besuchten

Bibelarbeit über die Begegnung von Jesus und Zachäus, einen Bogen vom Motto des Kirchentages zum Inneren des Menschen zu spannen. Beim Offenen Singen und in der Mittagssonne des Marktplatzes wurde sich nicht über schiefe Töne Gedanken gemacht, sondern einfach laut mitgesungen und geschunkelt. Etwas ernster war es bei der Diskussionsrunde »Zusammen leben lernen« und den Erfahrungsberichten aus Gelsenkirchen und den Niederlanden. Bei der Frage nach der Aufnahme von Muslimen an evangelischen Schulen und nach der Einführung von islamischem Religionsunterricht schieden sich die Geister, aber es kam trotzdem – oder vielleicht gerade deswegen? – zu einem produktiven Gespräch. Provokant war der Vortrag von Schwertern zu Pflugscharen mit Katharina von Bora. Auf ihre Gedanken zur pazifistischen Friedenstheologie mit ihren Werten und Forderungen wurde hier intensiv eingegangen. Eine Zeitreise führte zur Reformation zurück, und die Gedanken über Gottes Gegenwart zwischen den Menschen regten zum Nachdenken an. Die Stimmung beim Predigt-Slam war ausgelassen, und jeder Künstler erhielt einen tosenden Applaus. Der Platz war gefüllt mit Menschen, die gespannt den Worten lauschten, die auf unkonventionelle und erfrischende Art zum theologischen Denken anregten.

> *»Dieses Fest war aber nicht nur der Auftakt, sondern auch schon ein Ergebnis eines langen Weges zum Reformationssommer.«*

Ein Höhepunkt war die Nacht der Lichter auf der Elbwiese, bei der die Lichter von Kerze zu Kerze und von Mensch zu Mensch weitergegeben wurden, während Taizé-Lieder den Nachthimmel erfüllten. Viele übernachteten in ihren Schlafsäcken vor Ort, um am nächsten Morgen dann den Abschlussgottesdienst mitfeiern zu können.

Dieses Fest war aber nicht nur der Auftakt, sondern auch schon ein Ergebnis eines langen Weges zum Reformationssommer. Zum einen haben viele Menschen schon lange dafür gearbeitet. Zum anderen hat auch einiges schon vorher begonnen. Der Reformationstruck hat sich im November 2016 von Genf aus auf den Europäischen Stationenweg gemacht. In 19

NACHT *der Lichter auf der Elbwiese mit den Brüdern von Taizé.*

europäischen Ländern und 67 Städten hat er Reformationsgeschichten gesammelt und so gezeigt, dass Reformation eine vielfältige, vielschichtige und vieldimensionale Angelegenheit war – und es immer noch ist. Genauso wie auch die Festwoche in Wittenberg, die zeigt, dass dieser Geist der Reformation auch heute noch weht und wirkt.

Und so haben wir auch Grund zu feiern! Es war ein Fest – ein Fest mit internationalen Dimensionen, ein einschließendes, ein verbindendes Fest, das Gemeinschaft ermöglichte, ohne dass eine Konfession allzu dominant daherkam. Die Ökumene war spürbar und umfasste nicht nur die Katholiken, sondern auch die Orthodoxen, die Reformierten, die Freikirchen und dies auch aus unterschiedlichen Ländern. Christinnen und Christen sind sich begegnet, haben unterschiedliche Weisen des Christseins kennengelernt. Und auch wenn es vielleicht Diskussionen oder sogar immer noch Streit gibt, so wissen sich doch alle auf die biblischen Texte verpflichtet. Und dies im fortwährenden Dialog: Sich begegnen, miteinander reden über die Grenzen hinweg lässt uns nicht nur die anderen, sondern oft auch uns selbst besser verstehen.

Die Kirchentagsfestwoche in Berlin und in Wittenberg hat uns eingeladen, nicht von den Unterschieden auszugehen, sondern von den Gemeinsamkeiten. Wir haben uns zusammengesetzt, gefeiert, wir haben gemeinsam gesungen, gegessen und getrunken. Und wir haben über Konfessions- und über Ländergrenzen hinweggedacht und uns neu darauf besonnen, was es heißt, in dieser Welt gemeinsam als Christinnen und Christen für diese Welt einzustehen.

Doch der Dialog ging auch darüber hinaus. Schon in der Vorbereitung auf diese Veranstaltungen gab es viele Gespräche und Begegnungen, so zum Beispiel auch mit Vertreterinnen und Vertretern des Humanistischen Verbandes. Und wir haben gesehen, dass nicht erst das Ergebnis, sondern schon der Weg dahin wichtig ist. In der Begegnung ist ein Vertrauen erwachsen, der andere, die andere ist nicht das Bild, das ich mir von ihm und ihr gemacht habe, sondern ein lebendiges Gegenüber, mit dem man streiten, aber auch lachen kann.

So ist die Hoffnung begründet, dass etwas von den Begegnungen bleibt, nicht nur von diesem Großereignis, sondern auch von der Vorarbeit und dem Geist, der darin spürbar war. Miteinander reden, auch dort, wo die Gräben tief sind. Auch die Veranstaltung zu den Christen in der AfD hat gezeigt, dass die Mehrheit miteinander reden, aber auch einander zuhören will. Jemandem den Dialog zu verweigern heißt, ihm die Menschenwürde abzuerkennen.

Reformation geschieht hier und jetzt. Wie damals gegen lebensfeindliche Machtstrukturen und lähmende Angst. Wie damals über Nationengrenzen hinweg und in der Auseinandersetzung mit Andersdenkenden. Anders als damals ohne Gewalt, weder in Taten noch in Worten. Und mit neuen Herausforderungen. Aber wie damals in der gelassenen Freiheit eines Christenmenschen.

Hier stehen wir und wollen anders – jetzt gehen wir und können anders. Die Festwoche in Berlin und in Wittenberg hat vielen Mut gemacht, mit reformatorischer Zuversicht neue Wege zu gehen. —

NACHT der Lichter auf der Elbwiese mit den Brüdern von Taizé.

DIE THEMENWOCHEN | 2. Europa

GESPRÄCHSRUNDE
*zum Thema »Evangelische Jugend in Europa«
mit internationalen Gästen aus ganz Europa.*

2

Europa

ARNE LIETZ
*Mitglied des Europäischen Parlaments
für die SPD Sachsen-Anhalt*

Europa – dieser Begriff löst unterschiedliche Assoziationen aus. Manche denken an den Kontinent, andere an die friedensstiftende Europäische Union. Für wieder andere steht Europa für die Verwirklichung grundlegender Rechte und Freiheiten, insbesondere der Religionsfreiheit und Rechtsstaatlichkeit – Prinzipien, die unter anderem auch im Kontext der Reformation und für die Entwicklung des Christentums eine wichtige Rolle spielen.

In der Themenwoche »Europa« der Weltausstellung Reformation ging es um genau dieses Zusammenspiel. Was bedeutete die Reformation für die Menschen in verschiedenen Ländern Europas? Wie hat sie das Verhältnis von Religion und Politik in diesen Ländern verändert und wie verhalten sich Religion und Politik bis heute zueinander? Wo bestehen Schnittmengen, wo Spannungen? Was heißt es, sich als gläubiger Christ politisch aktiv in die Gesellschaft einzubringen?

Die Weltausstellung mit der Themenwoche »Europa« zu beginnen, knüpfte an die langjährigen Vorbereitungen während der Lutherdekade und an das grundsätzliche Selbstverständnis der Organisatoren an, dieses

Jubiläum international zu begehen. Den Auftakt dazu bildeten die Geschichten und Begegnungen, die die EKD auf dem Stationenweg quer durch Europa sammelte. Referentinnen und Referenten aus vielen europäischen Ländern und Institutionen füllten die achtzehn Veranstaltungen mit Leben. Die Diskussionen wurden in der Themenwoche quer durch alle Generationen geführt. Hervorzuheben ist besonders, dass während der gesamten Woche evangelische Jugenddelegierte aus Finnland, Dänemark, Polen, Frankreich, Italien, Ungarn und Deutschland vor Ort waren.

> *»Reformationsjubiläum in Deutschland – Marktplatz für europäische Diskussionen.«*

Die Prägungen und Auswirkungen der Reformation spielen in Deutschland und Europa bis heute eine große Rolle. So war es auch nicht verwunderlich, dass die Teilnehmerinnen und Teilnehmer neben der Konfessionstoleranz und der europaweit unterschiedlich ausgeprägten Ökumene die Religionstoleranz intensiv diskutierten. Man konnte dabei fast den Eindruck gewinnen, als ob einige europäische Länder bis heute aus dem Schatten des Westfälischen Friedens von 1648 immer noch nicht wirklich herausgetreten seien, in dem das Prinzip beschlossen wurde, dass die Religionszugehörigkeit der Untertanen durch den jeweiligen Landesfürsten festgelegt wird. Einige osteuropäische Länder verweigern beispielsweise die Aufnahme schutzbedürftiger Kriegsflüchtlinge mit dem Hinweis auf deren Religionszugehörigkeit.

> *»Kirchen haben wichtige gesellschaftspolitische Verantwortungen und Aufgaben.«*

In Diskursen mit Europaabgeordneten aus verschiedenen Ländern wurde hervorgehoben, dass Christsein und Politik gestalten nicht voneinander zu trennen seien und dass die Kirchen im europäischen Meinungsbildungsprozess bei aktuellen Entscheidungen eine wichtige Rolle spielten. Oberkirchenrätin Katrin Hatzinger, die das Büro der Evangelischen Kirche in Deutschland in Brüssel leitet, veranschaulichte dies anhand der

DISKUSSION zum Thema »Schuld & Gedenken« mit Rebecca Görmann (ehemalige Freiwillige in Israel für Aktion Sühnezeichen Friedensdienste), Markus Meckel (ehemaliger Präsident Volksbund Deutsche Kriegsgräberfürsorge und ehemaliger Außenminister der DDR), Jutta Weduwen (Geschäftsführerin Aktion Sühnezeichen Friedensdienste, Berlin), Ole Jantschek (Ev. Akademien in Deutschland und Vorsitzender der Kreisau-Initiative).

Zusammenarbeit verschiedener kirchlicher Institutionen und Initiativen im Brüsseler Politikbetrieb.

Als eine hochaktuelle, dringende politische Herausforderung, zu der sich Christinnen und Christen und die Kirchen bekennen müssen, wurde in der Themenwoche »Europa« auch die fast gänzlich fehlende humanitäre Flüchtlingshilfe Europas insbesondere im Mittelmeer thematisiert. Christen und Kirchen, die über nationale und konfessionelle Grenzen hinausdenken, können nicht gleichgültig das Sterben an den europäischen Außengrenzen mit ansehen. Hier wünschten sich die Jugenddelegierten, die selber in Italien Geflüchtete unterstützen, ein stärkeres Engagement der Kirchen innerhalb Europas.

Die besondere Verantwortung und der mögliche Beitrag der Kirchen in der deutschen und europäischen Entwicklungszusammenarbeit wurden ebenfalls intensiv besprochen. Kirchen und kirchennahe Institutionen können über ihre zahlreichen Kontakte zu zivilgesellschaftlichen Akteuren in diktatorischen und korrupten Ländern agieren, in denen sich eine zwischenstaatliche Zusammenarbeit verbietet. Manchmal besteht in der dortigen Gesellschaft zudem ein deutlich stärkeres Vertrauen in kirchliche als in staatliche Einrichtungen. In Mosambik beispielsweise moderierte die ökumenische Gemeinschaft St. Egidio erfolgreich Friedensverhandlungen.

Auch das Thema Populismus wurde zwischen Theologen, Juristen, Politikern, Journalisten und Jugendvertretern intensiv diskutiert. Das auf dem Deutschen Evangelischen Kirchentag wenige Tage zuvor abgehaltene Streitgespräch der EKD mit der AfD war dabei ebenso Gesprächsgegenstand wie die Rolle verschiedener Kirchen in Europa in populistischen Debatten. Es war das einstimmige Fazit der Diskussionsteilnehmer, dass es Populismus wahrscheinlich auch zukünftig leider geben wird und Kirchen sich deswegen auch in populistische Debatten einbringen müssen, die grundlegende Freiheitsrechte und Werte unterminieren.

Europa ist für manche zu einem leeren Begriff verkommen. Die Idee einer transnationalen Gemeinschaft, die ein friedliches Zusammenleben nicht nur auf dem eigenen Kontinent garantiert, darf aber nicht aufgegeben werden. Sie braucht vielmehr neue Impulse – oder anders ausgedrückt: Sie muss neu beseelt werden. Es ist zu hoffen, dass die Diskussionen um einen Europäischen Kirchentag intensiv weitergeführt werden. Wenn Christinnen und Christen aus allen Teilen des Kontinents

> *»Die europäische Idee braucht neue Impulse – das Reformationsgedenken könnte dazu beitragen, die Idee neu zu ›beseelen‹.«*

zusammenkommen, beten, singen, diskutieren und sich engagieren, können daraus neue Impulse für das Friedensprojekt Europa erwachsen. Das Reformationsjubiläum hat hier bereits einen wichtigen Akzent gesetzt: Die Feierlichkeiten hatten nämlich gerade nicht wie noch 1917 eine nationalistisch-konfessionalistische Ausrichtung, sondern bezogen Europa und die Welt explizit mit ein.

Der Auftakt der 500. Reformationsfeierlichkeiten in Deutschland, die ökumenisch, interreligiös und kosmopolitisch waren, hat bereits jetzt europäische Impulse gesetzt. Viele andere Länder bereiten seit vielen Jahren ihre Reformationsjubiläen vor und waren deswegen auch auf der Weltausstellung vertreten. Hervorzuheben ist die ökumenische Dauerpräsenz der Schweizer mit ihrem Prophezey-Pavillon zur Schweizer Reformation. Dazu laden sie bereits jetzt in die Schweiz ein.

Die Wittenberger Partnerstadt Hadersleben, aus der der Impuls zu den 500-jährigen dänischen Feierlichkeiten im Jahre 2026 kommt, bereitet dieses Jubiläum ebenfalls intensiv vor. Neben dem finnischen Turku treffen viele andere Länder und Regionen Vorkehrungen, sich auf ihre jeweilige Reformationsgeschichte zu besinnen. Zudem stehen viele weitere zentrale Jahreszahlen mit Bezug zur Reformation an, die dazu einladen, ihrer zu gedenken und ihre Impulse in aktuelle Debatten einzutragen.

Die gemeinsame Rückschau und Besinnung auf die verschiedenen nationalen Reformationsgeschichten bietet die Möglichkeit, diese Epoche europäisch zu reflektieren und aus ihr Impulse für die Vertiefung einer europäischen Identität zu ziehen.—

DIE THEMENWOCHEN | 3. Ökumene

IM »GASTHAUS ÖKUMENE«
der Auslandsarbeit der EKD sind evangelische Kirchengemeinden und ihre ökumenischen Partner aus aller Welt zu Gast.

3

Ökumene

BISCHOF DR. GERHARD FEIGE
*Vorsitzender der Ökumenekommission
der Deutschen Bischofskonferenz*

Das Thema Ökumene bedeutete auf der Weltausstellung Reformation sowohl Rückblick als auch Aufbruch: Ermutigt durch die vielen Fortschritte der letzten Jahre, konnte auf den weiteren gemeinsamen Weg geschaut werden. Der Auftakt der Themenwoche hätte thematisch kaum besser gewählt werden können: Schwerpunkt war die Rechtfertigungslehre, ebenjener Streitpunkt, an dem im 16. Jahrhundert die Einheit der Kirchen zerbrochen ist.

Kardinal Walter Kasper, der von Seiten des Päpstlichen Rates zur Förderung der Einheit der Christen den Prozess und die Unterzeichnung der Gemeinsamen Erklärung zur Rechtfertigungslehre zwischen Lutherischem Weltbund und dem Vatikan am 31. Oktober 1999 intensiv mitverfolgt hatte, betonte in seinem Eröffnungsreferat, dass dieser ökumenische Meilenstein die Grundlage dafür gelegt habe, 2017 als ein gemeinsames Christusfest zu begehen.

Nach über 50 Jahren des Dialogs sind die Christen gemeinsam in der Lage, zu sagen, wer Christus ist und was er für sie bedeutet. Dennoch ist das Ziel aller Bemühungen noch nicht erreicht. Als weitere Aufgaben nannte Kasper die Suche nach einem Konsens in Grundfragen und die Überprüfung, welche Differenzen noch kirchentrennenden Charakter besitzen, die Herausforderung, Fragen der Ökumene und des Christentums in die heutige Zeit zu übersetzen, und das Ringen um gemeinsame ethische Positionen.

In der sich anschließenden Podiumsdiskussion, an der neben Kardinal Kasper auch Margot Käßmann, Thomas Söding und Christoph Markschies unter der Moderation von Uwe Swarat teilnahmen, wurde nochmals betont, dass der große ökumenische Durchbruch der letzten Jahre ohne die Gemeinsame Erklärung zur Rechtfertigungslehre nicht denkbar gewesen sei.

Das 500. Jubiläum der Confessio Augustana im Jahr 2030, die von Philipp Melanchthon in der Hoffnung verfasst wurde, die Einheit der Kirche noch zu bewahren, könnte einen erneuten Anstoß geben, über das Verhältnis von Kirchen- und Eucharistiegemeinschaft in vertiefter Weise nachzudenken.

> *»Der Blick muss also sowohl über die deutschen als auch über die evangelischen und katholischen Grenzen hinausgehen und andere Länder, orthodoxe Kirchen und Freikirchen miteinbeziehen.«*

Im weiteren Verlauf der Themenwoche wurde zuweilen kritisch über zahlreiche theologische und gesellschaftliche Fragen diskutiert. Eine dieser Fragen war die Eucharistie im ökumenischen Dialog. Entscheidend ist die endgültige Gemeinschaft mit Gott, die für die ganze Schöpfung zukunftsweisend ist. Der Blick muss also sowohl über die deutschen als auch über die evangelischen und katholischen Grenzen hinausgehen und andere Länder, orthodoxe Kirchen und Freikirchen miteinbeziehen.

Problematiken ergeben sich oft in diesem Zusammenhang mit konfessionsverbindenden Ehen; bewusst sollen sie verbindend heißen, nicht verschieden. Die Vorstellung, nicht mit dem Ehepartner am Abendmahlstisch stehen zu können, ist für viele eine Belastung. Hier sind der Dialog und die gemeinsame Stärkung eines christlichen Selbstbewusstseins unbedingt notwendig. Eventuell könnte es ein Weg sein, die Möglichkeit einer gemeinsamen Abendmahlsfeier durch den Blick auf das Verbindende, nicht auf das Trennende, zu gewinnen.

Eine weitere Diskussion beleuchtete das Verhältnis zwischen Taufe und Amt. Dorothea Sattler und Michael Weinrich machten deutlich, dass die Laien (»zum Gottesvolk gehörend«) ihre Berufung zum allgemeinen Priesteramt unmittelbar von Jesus Christus selbst empfangen haben. Das Taufbewusstsein aller Gläubigen zu bilden und zu stärken und eine entsprechend der paulinischen Charismenlehre angemessene Partizipation zu ermöglichen, ist allen Kirchen als Aufgabe gegeben, damit die Verheißung von einem Priestertum aller Getauften immer mehr zur Erfüllung kommt. Weitergehende Fragen zum Verhältnis vom allgemeinen und besonderen Priestertum, wie sich die Taufe zu anderen Feiern des christlichen Lebens verhält und vielfältige Beispiele, wie sich nichtordinierte Christinnen und Christen im Gemeindeleben und darüber hinaus engagieren, wurden von Vertretern der unterschiedlichen Konfessionen thematisiert.

Einen besonderen Akzent setzte der China-Tag der Themenwoche. Damit wurde ein Land in den Mittelpunkt gestellt, in dem das Christentum wächst und das gleichzeitig mit ganz besonderen Herausforderungen konfrontiert ist. Der Tag wurde umrahmt von chinesischen Traditionen, dabei wurde der Wunsch nach einer Sinisierung des Christentums formuliert.

Während der Tage der Themenwoche war das Bild vom gemeinsamen Weg aller Christen omnipräsent. Als Christen sind wir gemeinsam unterwegs: in vielfältigen theologischen Gremien, die sich um eine Verständigung in noch strittigen Fragen kümmern, in den unterschiedlichen sozialen Feldern, aber auch ganz physisch im gemeinsamen Pilgern. So wurde am Montag mit Margot Käßmann zu einem (kleinen) Pilgerweg der Gerechtigkeit und des Friedens aufgebrochen.

Körperlich brachte der Weg die Pilgergruppe unter anderem ins »Gasthaus Ökumene«, aber geistig nach Pretoria, Toronto und Costa Rica und in die dort lebenden Gemeinden. Sie alle setzen sich für Gerechtigkeit mit den Nachbarländern, mit den Ureinwohnern oder Flüchtlingen ein. Das Anliegen ist ein Zusammenleben in Frieden. Dabei wurde die Notwendigkeit deutlich, in der Welt Christ zu sein und Verantwortung zu übernehmen. Gemeinsam sind die Christen auf dem Weg, pilgern, tun viele kleine Schritte als ökumenische Bewegung. Nicht als Einheitskirche, sondern in

DIE THEMENWOCHEN | 3. Ökumene

DIE GÄSTE
im »Gasthaus Ökumene« haben ihre eigenen Erfahrungen mit der Reformation im Gepäck: reformatorische Ereignisse und Ideen, die im eigenen Land gewirkt haben und bis heute tragen.

feierlicher Vielfalt verbunden durch Christus in einer sonst zunehmend säkularen Gesellschaft.

Das Reformationsjubiläum 2017 zeigt, wie weit die Ökumene sich entwickelt hat. Dass nicht nur deutsche Lutheraner feiern, sondern alle Länder und alle Konfessionen nach Wittenberg kommen, um gemeinsam dieses Fest zu begehen, ist ein großer Schritt auf dem ökumenischen Pilgerweg. Mit der Kraft der Ökumene kann Kirche Frieden stiften. Dieser Einsatz für Frieden sollte ohne Gewalt stattfinden.

Als Stärkung auf diesem Weg wurde mehrmals das Gebet genannt und in der Veranstaltung »Wie können wir gemeinsam beten« thematisiert. Ein katholischer, ein evangelischer und ein orthodoxer Vertreter beschrieben das Gebet als das Gefühl der inneren Einheit mit Jesus Christus und als eine Übung der Entängstigung. Wenn Christen gemeinsam beten, dann spüren sie die ihnen bereits durch die Taufe geschenkte Einheit.

»Reformation hat man nicht nur hinter sich, sondern immer auch vor sich« – dieser Satz war ein Kern der Themenwoche »Ökumene«. In allen Veranstaltungen wurde deutlich, wie sehr die Kirchen aufeinander angewiesen sind, um wahrhaft katholisch, evangelisch, orthodox zu sein. Damit ist auch gemeint, dass sämtlichen Dialogen das Gift der eigenen Arroganz und Selbstgenügsamkeit entzogen werden muss, um sich auf den Partner einzulassen und seine Stärken auch als Schätze für die eigene Tradition zu erkennen.

Die Kirche als Gemeinschaft aller Gläubigen ist der ständigen Reform und Prüfung unterworfen, ob sie die Botschaft Jesu Christi begeistert

DEUTSCH-CHINESISCHE Beziehungen, Beispiele aus Kirchengemeinden, Wirtschaft, Universität, Schule, Ehe und dem alltäglichen Leben standen beim China-Tag der Themenwoche im Fokus.

ZUM ENDE des Ramadans feiern Muslime weltweit Id al-Fitr, das Zuckerfest. Mit einem Fest am House of One wurde auch auf der Weltausstellung Reformation mitgefeiert und wurden Wünsche für die clouds. Wunschwolken gesammelt.

verkündet oder wo Strukturen und festgefahrene Traditionen dies verhindern. Insofern ist Ökumene ein Bereicherungsprozess, der auch eigene Veränderung bewirkt.

Kardinal Kasper sprach von 2017 als einem Kairos (»richtigem Augenblick«). Dieser werde gnadenvoll geschenkt, allerdings bestehe auch immer die Gefahr, ihn zu verpassen. Es bleibe also die Aufgabe der Christen, die ökumenischen Früchte des Jahres 2017 zu ernten und sie auf dem gemeinsamen Weg zur Einheit der Christen fruchtbar zu machen. Dazu hat die Ökumenewoche während der Weltausstellung Reformation Mut gemacht und Perspektiven über die Zeit nach 2017 gegeben. —

DIE THEMENWOCHEN | 4. Bildung

GLOBAL
*schools500reformation Day:
Workshop und Gesprächsrunden zum
Thema Solidarität und Toleranz.*

4
Bildung

PROF. DR. KONRAD RAISER
*Ehemaliger Generalsekretär des
Ökumenischen Rates der Kirchen*

Die Vorbereitung des Reformationsjubiläums war Anlass, die vielfältigen Auswirkungen der Reformation nicht nur für Kirche und Theologie, sondern auch für das gesellschaftliche und kulturelle Leben in Erinnerung zu rufen. In diesem Zusammenhang verdient der Umstand besondere Beachtung, dass die Reformation zum Anstoß für eine umfassende Bewegung für Volksbildung geworden ist.

Leitendes Interesse der Reformatoren war, allen Menschen den Zugang zur Bibel und den Hauptstücken der Tradition des christlichen Glaubens zu ermöglichen und sie so zu einem selbstverantwortlichen und mitdenkenden Glauben zu führen. Der erste Schritt war daher die Übersetzung der Bibel in die Volkssprache. In vielen Ländern und Regionen hat die Reformation allererst die sprachlichen Grundlagen für eine allgemeine Volksbildung geschaffen. Der zweite entscheidende Schritt war die Einrichtung von Schulen, um die Menschen unabhängig von Stand, Alter und Geschlecht zu befähigen, durch das eigene Lesen der Bibel in die Grundlagen des christlichen Glaubens einzudringen. Die von Luther geforderte allgemeine Schulpflicht für Mädchen und Jungen hat sich zwar erst allmählich durchgesetzt, aber die enge Verbindung von Kirche und Schule blieb bis in 19. Jahrhundert hinein charakteristisch für die von der Reformation geprägten Länder und wurde auch zum Markenzeichen protestantischer Mission in anderen Teilen der Welt. Neben die allgemeine Schulbildung trat die Bestrebung, in den Gemeinden und Familien durch den Katechismusunterricht das Verständnis des Glaubens zu vertiefen und zugleich die Grundlagen für eine dem Geist des Evangeliums entsprechende Lebensform und Kultur zu schaffen. Der dritte für die Bildungsinitiativen der Reformation entscheidende Schritt war die Einrichtung von Institutionen für die Ausbildung einer neuen Generation umfassend gebildeter Pfarrer, die in der Lage waren, die Gemeinden zum Leben im eigenverantwortlichen Glauben zu befähigen und zu begleiten.

Vor diesem Hintergrund war es wichtig, im Rahmen der Weltausstellung Reformation in Wittenberg dem Thema »Reformation und Bildung« besondere Aufmerksamkeit zu schenken. Dabei konnte es 500 Jahre nach dem Beginn der Reformation nicht nur darum gehen, im historischen Rückblick die Verdienste der Reformation für die Entwicklung eines modernen Bildungssystems zu würdigen und zu zeigen, dass Wissen und Glauben im Verständnis der Reformation untrennbar zusammengehören. Es bedarf der Bildung, um den eigenen Glauben verstehen und auch weitervermitteln zu können. In jeder Generation stellt sich von neuem die Aufgabe, Glaubenswissen und Erfahrungswissen zusammenzubringen.

Die gesamte Weltausstellung ist daher als ein großer Bildungsraum konzipiert, in dem die Besucher eingeladen werden zu erkunden, welche Herausforderungen und Chancen sich heute Menschen bieten, die versuchen, den christlichen Glauben besser zu verstehen und ihn ins Leben und die heutigen Erfahrungszusammenhänge einzubringen. Der christliche Glaube wird dabei in reformatorischer Absicht verstanden als Ermutigung, die Welt zu hinterfragen. Ganz im Sinne der Leitfrage: Verändert die Welt uns, oder verändern wir die Welt? Auf vielen Spruchbändern, die auf die ganze Ausstellung verteilt sind, wird diese Frage aufgenommen und variiert. Das entscheidende Strukturelement der Ausstellung sind die sieben »Tore der Freiheit«. In ihnen soll die Grundbotschaft der Reformation von der Freiheit eines Christenmenschen verstehbar gemacht und im Kontext heutiger Bildungsaufgaben überprüft werden.

Die Themenwoche »Bildung« vom 14. bis 19. Juni richtete den Blick mit einer Vielzahl von Podien, Vorträgen, Workshops auf heutige Aufgaben und Erfahrungen der Bildungsarbeit im Raum reformatorischer Kirchen. Schwerpunkte an den sechs Tagen waren: kulturelle Bildung, die Beteiligung von Kindern und Jugendlichen an gesellschaftlichen Prozessen, Bildung in religiöser Vielfalt, sexuelle Bildung in der Schule und mit Jugendlichen, Inklusion als Bildungsaufgabe und Chance, nachhaltige Entwicklung als globale Lernaufgabe und die Chancen digitaler Bildungsräume. Die Diskussionen zu den Schwerpunktthemen wurden ergänzt durch Präsentationen von Straßentheater, Filmvorführungen oder einer öffentlichen Religionsstunde auf dem Platz vor der Stadtkirche, also Bildungsformen, die zur offenen Partizipation einluden. Mit den Schwerpunktthemen wurden bewusst Felder herausgegriffen, in denen es um die Entwicklung von neuen Formen und Modellen kirchlicher Bildungsarbeit geht.

> *»Es bedarf der Bildung, um den eigenen Glauben verstehen und auch weitervermitteln zu können. In jeder Generation stellt sich von neuem die Aufgabe, Glaubenswissen und Erfahrungswissen zusammenzubringen.«*

Jedes der Themen wurde von hoch qualifizierten Referenten und Gesprächspartnern vorgestellt und eingeführt. Beispielhaft seien hier drei Impulse herausgegriffen. Zunächst die Frage, wie Schulen zu kultureller Bildung und damit auch zur Aneignung von gesellschaftlichen Normen beitragen können. Im heutigen Schulsystem gilt kulturelle Bildung vielfach als Luxus und wird allzu oft in den Bereich außerhalb der Schule abgeschoben. Die Schule müsste daher mehr Eigenverantwortung und Kreativität fördern. Die Ausbildung von Wahrnehmungsfähigkeit und die Ermutigung, eigene Fragen zu stellen, ist das Fundament für alle Bildungsprozesse. Diese Erwartung gilt nicht zuletzt für die wachsende Zahl von evangelischen Schulen.

Ein zweites Beispiel ist die Vorstellung des »Global Pedagogical Network – Joining in Reformation« (GPEN), in dem sich über 650 evangelische

Schulen, Hochschulen und Bildungseinrichtungen in 17 Ländern weltweit auf der Grundlage eines gemeinsamen Positionspapiers zusammengeschlossen haben, um voneinander zu lernen und durch Schulpartnerschaften und global vernetzte Projekte Lernformate zu globalen Schwerpunktthemen (Frieden, Gerechtigkeit, Bewahrung der Schöpfung und interreligiöser Dialog) zu entwickeln. Ein erstes Ergebnis des Netzwerkes ist ein von Schülern und Studierenden zusammengestelltes Heft mit 95 Thesen unter dem Motto »Protest (and Theses) for a better Future«.

Das dritte Beispiel bezieht sich auf die Initiative der Kirchlichen Pädagogischen Hochschule Wien/Krems, an der seit 2007 alle Kirchen in Österreich in ökumenischer Trägerschaft gemeinsam die Lehrerinnen und Lehrer für den Religionsunterricht an öffentlichen Schulen ausbilden. Die Hochschule steht für eine neuartige christliche Lehrerbildung, die ein interreligiöses, interkulturelles und interkonfessionelles Lernen in Europa möglich machen will. Seit 2016 gibt es zusätzlich Kooperationsvereinbarungen mit der islamischen, der jüdischen und der alevitischen Glaubensgemeinschaft sowie mit den christlichen Freikirchen.

Nachdenklich machte es den Beobachter, dass die sehr gut vorbereiteten und gelungenen Präsentationen dieser Themenwoche nahezu ohne Echo bei den Besuchern der Weltausstellung blieben. Sie fanden daher weitgehend als Fachgespräche im kleinen Kreis statt. Der Mangel an Beteiligung mag zum Teil darauf zurückzuführen sein, dass das Programm der Themenwoche erst kurz vorher veröffentlicht wurde, was die Planung für potenziell Interessierte erschwerte. Es kommt hinzu, dass die Auswahl der speziellen Schwerpunktthemen von der Voraussetzung eines umfassenden Bildungsauftrags der Kirchen im Geist der Kirchentagsarbeit ausging. Diese Voraussetzung trifft jedoch für das säkularisierte und kirchenferne Umfeld der Region um Wittenberg nicht zu. Die Hemmschwelle für lokale Besucher war zu hoch. Das hier gegründete globale pädagogische Netzwerk wird aber auf jeden Fall langfristig wirken.—

SCHOOLS500REFORMATION DAY
Workshop und Gesprächsrunden zum Thema Solidarität und Toleranz.

EIN SCHÜLERCHOR
aus Afrika .

500 LUFTBALLONS
vom Vorplatz der Schlosskirche auf dem Weg zum Horizont.

✝ DIE THEMENWOCHEN | 5. Gerechtigkeit

KONZERT
mit Trommeln und Tanz im Pavillon der Installation »Boote auf dem Schwanenteich«.

5
Gerechtigkeit

ELIA GRETEL CECILIA OCHOA ZUNIGA
*International Volunteer
des Reformationssommers 2017*

Während wir 500 Jahre Reformation feiern, fragen wir uns, was bedeutet »Gottes Gerechtigkeit« in unserer Zeit? Was brauchen Kinder, Kranke, Sterbende, Pflegende, Arme und Reiche, um in Frieden zu leben und zu handeln? Was sind unsere Möglichkeiten und Grenzen zwischen Politik und Solidarität?

In meinem Heimatland Mexiko haben wir, neben anderen sozialen Problemen, mit vielen Ungerechtigkeiten zu kämpfen. Hier in Wittenberg die Möglichkeit zu haben, Ideen auszutauschen und zu diskutieren, nicht nur mit Experten, sondern mit vielen deutschen und internationalen Gästen, die für Gerechtigkeit kämpfen, hat mich realisieren lassen, dass die Gesellschaft nicht gegenüber dem Leid in anderen Ländern gleichgültig, sondern empathisch ist – wenn Empathie das Gegenteil von einem Mangel an Informationen bzw. Ignoranz ist.

Das Programm der Themenwoche »Gerechtigkeit« wurde entwickelt, um Fragen über das Miteinander von Kindern und älteren Menschen zu diskutieren. Wie kann man ein Gleichgewicht für ein friedliches und gerechtes Leben innerhalb einer Gesellschaft erreichen?

Ich hatte die Gelegenheit, einige Workshops über ältere, palliativ betreute bzw. pflegebedürftige und pflegende Menschen zu besuchen. Sie wurden veranstaltet von der Paul Gerhardt Diakonie. Ich erfuhr von den Problemen der alten, kranken und behinderten Menschen und wie das System und die Infrastruktur ihr Leben manchmal erschweren und manchmal erleichtern. Zugleich hörten wir von Krankenschwestern und Helfern in Krankenhäusern und Pflegeheimen, wie sie ihre Zeit und ihren Dienst organisieren, um Menschen zu unterstützen und zu einem glücklichen Leben ohne Leid zu verhelfen. Sie berichteten außerdem davon, dass Gerechtigkeit manchmal auf der Strecke bleibt, denn es gibt so viele Patienten, dass sie sich gar nicht um alle gleichermaßen kümmern können. Und wie steht es um die Gerechtigkeit, wenn es im Falle von sterbenden Patienten um das Recht geht, zwischen Leben und Sterben zu entscheiden?

Was ich bei den Workshops beobachten konnte, war, dass die Räume voll waren mit Empathie, selbst wenn schwierige Lebensgeschichten zur Sprache kamen. Manchmal kehrten meine Gedanken zu meinem Heimatland Mexiko zurück und ich dachte darüber nach, dass auch bei uns der Umgang und die Betreuung von behinderten und älteren Menschen eine gesellschaftliche Herausforderung ist.

Ein anderer Aspekt in den Diskussionen über Gerechtigkeit waren Kinder und Jugendliche, die nichts zu essen haben, keinen Platz zum Leben und keine Familie, die sie unterstützen könnte. In Mexiko haben Kinder auch das wichtigste Recht nicht: das Recht auf friedliche Lebensbedingungen. Das bringt sie dazu, illegalen Aktivitäten nachzugehen oder Drogendealer zu werden. Drogen, die meist in »entwickelte Länder« verkauft werden.

Mit Gerechtigkeit hat das nicht viel zu tun, schließlich haben mexikanische Kinder oft nicht viele Optionen. Und so hart wie die Realität ist, werden sie in ihrem Leben kaum die Möglichkeit haben, etwas wie »Gerechtigkeit« zu erfahren oder alt zu werden, denn viele von ihnen werden von einer der mächtigsten Gruppen neben der Regierung im Lande getötet: den Drogenkartellen.

Ich weiß, dass dieses Thema nicht zu denen der Workshops gehört, aber gerade jetzt, wo ich dies schreibe, begreife ich: Gerechtigkeit ist das Verbindende zwischen meinen Gedanken, den Workshops, an denen ich teilgenommen habe, und diesem Artikel. Das Unwissen und die mangelnde Bildung der Dealer und Konsumenten ist meiner Meinung nach einer der Hauptgründe dafür, der die Drogenproblematik in einer Gesellschaft gedeihen lässt.

In einer anderen Veranstaltung im Rahmen der Themenwoche präsentierte die Fachhochschule Salzburg eine Boote-Installation am Schwanenteich. Menschen unterschiedlicher Nationalitäten kamen auf einem Podium zusammen, um über die Entwicklung des Projektes und Nachhaltigkeitsaspekte der Workshops und Installationen zu diskutieren. Außerdem berichteten einige Flüchtlinge von ihren Erfahrungen bei ihrer Flucht über das Mittelmeer. Ich kann das Gefühl gar nicht beschreiben, ich war sehr ergriffen und fühlte mich so erleichtert, als ich hörte, dass sie freundlich behandelt wurden. Die Installation war wirklich wichtig für sie, weil es für sie darum ging, ihre Geschichte zu erzählen und Empathie zu erfahren. Einige der Besucher wunderten sich, was die Verbindung zwischen dieser Ausstellung und Luthers Reformation sein sollte. Mancher dachte, dass die Installation nicht fertig sei oder irgendetwas fehlt. In diesem Moment war ich sehr dankbar, ein Teil des Reformationsteams zu sein. Die Künstler zu treffen und zu verstehen, dass die Installation versucht, uns zum Mittelmeer zu führen und eine Überlebensreise zum Land der »Freiheit« zu machen. Diese Reise ist fern unserer Realität und hat mit

INSTALLATION *im Eine-Welt-Zelt (Bild li.).*

BOTSCHAFTER
(Bild re.) für den Reformationssommer Sigmar Gabriel bei der Veranstaltung »Gerechtigkeit weltweit – welchen Beitrag kann Außenpolitik leisten?« in der Exerzierhalle.

DIE THEMENWOCHEN | 5. Gerechtigkeit

ÜBER DIE FRAGE
»Wie kann Gerechtigkeit als Leitlinie in internationales politisches Handeln übersetzt werden?« diskutierte Außenminister Sigmar Gabriel mit Arjun Appadurai (Professor für Ethnologie an der New School in New York), Cornelia Füllkrug-Weitzel (Präsidentin von Brot für die Welt) und Martin Junge (Generalsekretär des Lutherischen Weltbundes), Moderation: Christoph Vetter.

unserem unmittelbaren Lebensumfeld wenig zu tun. Menschen, die sich Zeit nahmen, am See zu meditieren, herumzulaufen und viele Schiffe sinken zu sehen, durchlebten eine solche Reise… Dieses Jahr hinterfragt das Reformationsjubiläum die Welt. Wie stellen wir uns der Realität als Christen in dieser Welt? Wie sehr betrifft es uns, was in der Welt passiert? Und was tue ich gegen Ungerechtigkeit, außer Mitleid zu zeigen?

Ich habe diese neue »Millennials«-Krankheit: Ich reise leidenschaftlich gern und versuche, unnützen Konsum einzuschränken. Ich arbeite hart und hatte das Glück, in den letzten sechs Jahres jedes Jahr zu reisen. Es war fantastisch, neue Kulturen kennenzulernen. Diese Woche unternahmen wir eine Reise der anderen Art – beim Feiern des Ramadans. Wir kamen im House of One im Wittenberger Luthergarten zusammen: Volunteers, Mitarbeiter, Aussteller, Wittenberger, Besucher, Protestanten, Katholiken, Muslime, Buddhisten, Agnostiker und viele weitere. Manche von uns wussten nichts über den Ramadan, aber wir waren uns einig, wie wundervoll es sich anfühlte, mit so vielen Menschen voller positiver Energie zusammen zu sein. Wir teilten Speis und Trank, Gespräche und Lachen. In diesem Moment vergaßen wir alle, woher wir kommen und genossen einfach die Zeit zusammen.

Es war eine Woche voller Liebe, Toleranz, aber hauptsächlich des Lernens. Ich bin in vielen Punkten unbekümmert, aber mein Motto ist es, ein »Nein« zu vermeiden und etwas erst auszuprobieren. Manchmal sagen Menschen, dass ich sehr verletzlich bin. Aber für neue Erfahrungen offen zu sein, ist für mich kein Zeichen der Schwäche. Uns Lateinamerikanern gegenüber gibt es viele Vorurteile. Mexiko macht gerade eine harte Zeit durch, so wie andere lateinamerikanische Länder auch. Vieles sieht man im Fernsehen, aber vieles auch nicht. Ich lade alle ein, genauer hinzuschauen und mehr nachzuforschen. Gerechtigkeit, Frieden und Freiheit kann für viele lateinamerikanische Länder ermöglicht werden, wenn es in den entwickelten Ländern keinen Absatzmarkt für Drogen mehr gibt.

Wir können lokal handeln für einen globalen Effekt. Lasst uns versuchen zu erreichen, dass wir wachsam sind und unsere Idee von Gerechtigkeit nicht nur ein Lippenbekenntnis bleibt, sondern kohärent ist in unserem Denken und Handeln.

Wir Volunteers kamen mit offenen Armen – gewillt zu lernen, zu arbeiten, zu reden, andere an unserem Leben teilhaben zu lassen und auf viele persönliche Fragen zu antworten.

Die reformatorische Kraft von Frauen zur Lutherzeit und heute
Arbeitskreis Frauenkirchengeschichte der Evangelisch-Lutherischen Kirche in Bayern (ELKB)

Der Arbeitskreis Frauenkirchengeschichte der ELKB besuchte Wittenberg in der Themenwoche »Gerechtigkeit« mit dem speziellen Blick auf die Rolle von Frauen in der Reformation. Denn auch Frauen wie Katharina von Bora, Argula von Grumbach oder Elisabeth von Braunschweig verbreiteten Luthers Lehren. Gleichzeitig bekamen sie durch die neuen theologischen Einsichten Luthers neue Möglichkeiten, in der Kirche aktiv zu werden. Martin Luther wollte keinen Untertanengeist von Frauen, sondern hat Frauen mit seinen Ideen zum Widerstand und zur Veränderung in der Gesellschaft und Kirche ermutigt. Außerdem wurde der Einsatz für eine bessere Position für Frauen im letzten Jahrhundert mit Zeitzeuginnen diskutiert. Dass auch die Ehefrauen von Pfarrern berufstätig sein dürfen, ist ein Ergebnis des damaligen Einsatzes. Stark gemacht wurden auch Kampagnen, die sich für die Anliegen von Frauen aus Entwicklungsländern einsetzen. Es wurde Wert darauf gelegt, die Vergangenheit zu verstehen, um die Zukunft besser gestalten zu können. Vor allem sollte sich stärker für eine kirchenhistorische Geschlechtergerechtigkeit eingesetzt werden, da diese noch lange nicht erreicht ist. Die reformatorische Kraft von Frauen sollte immer wieder aufgezeigt werden, und dafür setzt sich das bayerische Zeitzeuginnenprojekt ein.

DIE THEMENWOCHEN | 6. Wirtschaft, Arbeit und Soziales

SINNERFAHRUNG
in der modernen Arbeitswelt: Gibt es ein Recht auf Glück? Promi-Talk auf der Marktbühne: Ulrich Lilie (Präsident der Diakonie Deutschland), interviewt von Gerhard Wegner (Direktor des Sozialwissenschaftlichen Instituts der Evangelischen Kirche in Deutschland).

6

Wirtschaft, Arbeit *und Soziales*

PROF. DR. RITA SÜSSMUTH
Bundestagspräsidentin a.D.

Dieses Jahr regt dazu an, unser Leben und unsere Gesellschaft im Lichte der Reformation und Luther zu betrachten. Was bedeutet Luther für mich und mein Leben? Wo ist er Quelle der Inspiration, wo Bezugspunkt für Abgrenzung und Kritik? Betrachte ich Luthers Biografie, so bewies schon der junge Luther eindrücklich Haltung und Mut, einen eigensinnigen Weg zu gehen. Luther, ein begabter und fleißiger Schüler und Student, überraschte und verärgerte seine Eltern, als er beschloss, Mönch zu werden statt den Karriereweg eines Juristen einzuschlagen. Auch heute ist diese Frage für viele junge, aber auch für ältere Menschen relevant. Welchen beruflichen Weg schlage ich ein? Was möchte ich bewegen?

Was hat Luther zu unserem heutigen Arbeits- und Berufsverständnis beigetragen? Dies war auch die zentrale Frage der Themenwoche »Wirtschaft, Arbeit und Soziales«. Ausgehend von der Erinnerung an die gesellschaftspolitischen Umwälzungen der Reformation wurde diskutiert, welche Impulse an das heutige Arbeitsleben erforderlich sind. Was war der Durchbruch damals, was steht heute an? Welche Rolle spielt die Wirtschaft für den Menschen und umgekehrt?

DIE THEMENWOCHEN | 6. Wirtschaft, Arbeit und Soziales

Für Luther waren Theologie und Sozialethik, Glaube und Werk zwar zu unterscheiden – aber keinesfalls zu trennen. Von Beginn an waren die theologischen und kirchlichen Ideen der Reformation auf eine Veränderung der Gesellschaft ausgerichtet. Luthers sozialethisches Denken ist auch in der Gegenwart anregend – dies betonte auch der ehemalige EKD-Ratsvorsitzende Wolfgang Huber bei seinem Vortrag während der Themenwoche. Zwar dürfen Luthers Ideen nicht ungefiltert in die Gegenwart übertragen werden. Allerdings ist es in der Gegenwart anregend, sich mit Luthers Maxime der gleichen Berufsverantwortung aller zu befassen.

Während der Themenwoche »Wirtschaft, Arbeit und Soziales« war zu spüren: Auch wir stecken in einem gesellschaftlichen Umbruch, der neues Denken und Handeln erfordert. Gefragt ist dabei die öffentliche Debatte, weshalb für diese Woche ein spezifisches Format geschaffen wurde. Auf der Marktplatzbühne mitten in Wittenberg diskutierten unter anderem Katja Kipping, Vorsitzende der Partei Die Linke, oder Marcel Fratzscher, Präsident des Deutschen Instituts für Wirtschaftsforschung. Ganz im Sinne Luthers wurden sozialethische Themen also öffentlich, kontrovers und leidenschaftlich debattiert.

> *»Luthers christliches Arbeitsverständnis:*
> *›Wie ein Vogel zum Fliegen, so ist der Mensch*
> *zur Arbeit geboren.‹«*

»Ein Christenmensch ist ein freier Herr über alle Dinge und niemand untertan. Ein Christenmensch ist ein dienstbarer Knecht aller Dinge und jedermann untertan.« Luthers berühmte These aus der Freiheitsschrift bedarf dringend der Interpretation. Seine Thesen zur »Freiheit eines Christenmenschen« sind zugleich Glaubens- wie Lebenslehre, sind zugleich befreiend und freiheitsbeschränkend. Sie unterscheiden zwischen der Priorität des Glaubens, dem absoluten Vertrauen in die göttliche Zusage an uns Menschen sowie dem aus dieser inneren Haltung zu guten unentgeltlichen Werke für den Nächsten, insbesondere für Menschen in Not.

»Wie ein Vogel zum Fliegen, so ist der Mensch zur Arbeit geboren«, sagte Luther. Durch Arbeit entfaltet der Mensch sich in seinen Talenten, er wird befähigt zur gestaltenden Arbeit. Sie kann gelingen und begeistern, zum Beruf und zur Berufung werden, aber auch belasten, überfordern, zerstören. Besonders belastend und zerstörerisch ist Arbeitslosigkeit, weil sie den Betroffenen oft die Erfahrung von geringer Menschenwürde und Zusammengehörigkeit vermittelt.

Gute Werke können nicht den Glauben ersetzen, es kommt auf die innere Haltung an. Luther hat sich nicht nur mit der Arbeit, sondern intensiv mit Beruf und Berufung auseinandergesetzt. Das lateinische »vocatio« übersetzte er mit Beruf: »Jeder bleibe in dem Beruf, in dem ihm Gottes Ruf traf« (1. Kor 7,20). Diese Übersetzung enthält als wichtigste These: Alle Menschen sind von Gott Berufene. So muss jeder, ob bei einfachen Tätigkeiten, der Arbeit in und für die Familie, auf dem Feld oder beim Handwerk, seiner christlichen Verantwortung gerecht werden. Gleichwohl war damit nicht die freie Berufswahl oder Selbstverwirklichung gemeint. Arbeit ist der Dienst an der Schöpfung und an den Menschen, die sich wechselseitig brauchen, besonders Menschen in Not. Beruf bedeutet also nicht nur Arbeit, sondern Übernahme von Verantwortung, Stehen im Dienst der menschlichen Gemeinschaft mit den Werten der Barmherzigkeit und der Nächstenliebe.

Arbeit ist mehr als Erwerbstätigkeit und Gelderwerb. Allerdings erhalten soziale und auch ehrenamtliche Tätigkeiten in den Bereichen Erziehung, Familie, Pflege und Kultur zu wenig Wertschätzung, vor allem hinsichtlich der Finanzierung. Aber gerade hier übernehmen viele Menschen große Verantwortung für Mitmenschen und die Gesellschaft ganz im Sinne Luthers. Luthers Blick auf Arbeit war, dass sie Grundlage für ein gutes Leben und Wohlstand darstellte, aber nicht der Inhalt des Lebens sein sollte. Er warnte vor einseitigem Profitdenken, Verzinsung, Ausbeutung und hielt diesen Tendenzen das Gebot der Liebe zu Mensch und Welt in der Bergpredigt entgegen. Während der Themenwoche betonte Prof. Gerhard Wegner, Direktor des Sozialwissenschaftlichen Instituts der EKD, dass die Mahnungen Luthers weiter aktuell seien. Er problematisierte die zu starke Dominanz von gegenwärtiger Zinswirtschaft und das maßlose Streben nach Wachstum. Michael Kemmer, Hauptgeschäftsführer im Bundesverband deutscher Banken, entgegnete, dass die Einzelfälle beachtet werden müssen. Kredite und Zinsen gehören einerseits zur modernen Wirtschaft dazu und sind zur Förderung von Wachstum enorm wichtig. Verantwortliches Wirtschaften muss aber stets Maß halten, so Kemmer.

In der Arbeitswelt stellt sich gegenwärtig die Aufgabe, dass der einzelne Mensch nicht zum austauschbaren Zahnrädchen in einer Gesamtmaschinerie werden darf. Dazu gehören Förderung der individuellen Fähigkeiten, gemeinsame Verantwortung für den Erhalt und die Schaffung von Arbeitsplätzen, faire Bezahlung, flexible Arbeitszeiten, gesundheitliche Vorsorge für alle Beteiligten im Unternehmen, gute Kommunikation über Anforderungen und Ziele sowie Wertschätzung für Verdienste. Es geht um Person und Sache, um Arbeitgeber und Arbeitnehmer, um Beteiligung und Verantwortung, die im Zeitalter globaler Verflechtungen weit über Verhalten und Haltungen in Einzelunternehmen hinausgehen.

Nach Luther sind alle an der Arbeit zu beteiligen, alle sind gerufen und Berufene. Die zur Arbeit fähigen Menschen haben auch für jene Sorge zu tragen, die aus körperlichen oder anderen Gründen nicht im Arbeitsleben stehen können. Das gilt heute verstärkt für körperlich oder psychisch Kranke oder Menschen mit Behinderungen. Zwar wollen Menschen mehrheitlich arbeiten und auf eigenen Füßen stehen – zugleich sollen sie aber auch anderen helfen, ein menschenwürdiges Leben führen zu können. Dazu sind Sprach- und Fachkenntnisse erforderlich, Verwaltungsakte durchzuführen, Lernprozesse zu organisieren, aber auch Gelegenheiten zu geben, dass Menschen ihre Fähigkeiten bei der Arbeit und begleitender Weiterqualifizierung zeigen können.

Zugleich ist unsere Welt vielfältiger geworden. Worauf es uns im Sinne Luthers ankommen muss, ist die Einbeziehung und nicht Ausgrenzung von Menschen – in Deutschland Geborene wie Zu- und Eingewanderte. Viele Bürger und Bürgerinnen haben seit Sommer 2015 und insbesondere auch 2016 neben den hauptberuflichen Kräften ehrenamtlich geholfen, dass die Aufnahme der Flüchtlinge nicht zur Sackgasse wurde. Sie zeigten, dass sie menschlicher Not mit besonderer praktischer Gestaltungskraft begegneten und dass in der Gesellschaft die Bereitschaft für Eigenverantwortung gewachsen ist. Das zeigt Vertrauen in die uns geschenkten und erarbeiteten Fähigkeiten, um mit kleinen und großen Turbulenzen menschlich und problemlösend umzugehen. Die Andersartigkeit der anderen macht zwar vielen zu schaffen, zeigt aber auch, dass wir, je mehr

PUBLIKUM
in der Exerzierhalle beim Forum Kirche–Wirtschaft–Arbeitswelt.

SIEGEREHRUNG
des Poetry-Slam beim Forum Kirche–Wirtschaft–Arbeitswelt.

wir gemeinsam Arbeitserfahrungen machen, mehr Übereinstimmendes als Trennendes feststellen. Der Prozess der gemeinsamen Verständigung wird noch kräftiges Engagement abverlangen, aber er kann gelingen. Das Lutherjahr fällt in eine Zeit heftiger weltweiter Umbrüche und Ängste sowie der Suche nach »Sündenböcken« und schnellen Lösungen. Die Veränderungen vor allem im Technischen, aber auch im Sozialen sind von so hoher Beschleunigung, dass viele Menschen nicht mehr mitkommen: künstliche Intelligenz, Digitalisierung, Arbeitsplatzverluste und Veränderungen. Die Panels zu den jeweiligen Themen kreisen angesichts dieser Herausforderungen immer wieder um die Frage: Was kann noch gelten? Vieles bleibt unbeantwortet, aber nicht der Glaube an Gottes Zusage: Wir sind nicht allein gelassen.

»KLEZMER
trifft Derwisch und Meister Eckhart« –
bei dem Konzert des Ensemble Noisten und einer Lesung von Nina Hoge.

7

Interreligiöser *Dialog*

RABBINER PROF. DR. DR. H. C. WALTER HOMOLKA
*Rektor des Abraham Geiger Kollegs und Professor für
Jüdische Religionsphilosophie an der Universität Potsdam*

Es ist morgens um 5.30 Uhr. Ein lautes Rattern lässt mich aus dem Schlaf aufschrecken: Hundert Südkoreanerinnen eilen mit Rollkoffern unter meinem Fenster am Luther-Hotel vorbei. Wer hat gesagt, es sei hier still? Während der Interreligiösen Woche hat Wittenberg internationales Publikum. Pilger aus aller Welt, die auf den Spuren des Reformators unterwegs sind, treffen heute in der Lutherstadt auf eine Bevölkerung, von der 80 Prozent der Kirche fernstehen. Eine Begegnung der eigenen Art. Man weiß sich hier aber auch unversehens unter Freunden, wenn man ein gemeinsames Thema findet und sich darüber austauschen will.

Gleich um die Ecke meines Hotels erinnert die Jüdenstraße daran, dass Kurfürst Friedrich der Sanftmütige 1440 der mittelalterlichen jüdischen Gemeinde den Garaus machte. Danach eilten Protagonisten der Reformation übers Pflaster dieses »kotigen« Städtchens, wie Luther es nannte; neben ihm Johann von Staupitz oder Philipp Melanchthon, die kaum Juden kannten. Sie und viele weitere Menschen – Bürger, Adlige, Handwerker und Bauern – verkörpern den Umbruch, für den gerade Wittenberg als Zentrum der Reformation steht. Auf einem Panorama wird diese

DIE THEMENWOCHEN | 7. Interreligiöser Dialog

KABBALAT
Schabbat-Feier mit Rabbiner Walter Homolka, Margot Käßman, Rabbiner Alexander Grodensky und Imam Kadir Sanci im House of One.

Zeit lebendig: 15 Meter hoch und 1100 Quadratmeter groß ist das Rundum-Gemälde »Luther 1517« des Berliner Künstlers Yadegar Asisi. Der Reformator taucht gleich dreimal auf, und man spürt hier noch stärker als draußen: Auch der Rand kann Mitte werden und Impulse geben.

Auf dem Weg zur Schlosskirche schlendere ich an der Apotheke des älteren Lucas Cranach vorüber. Der Diplomat Friedrichs des Weisen war Buch- und Papierhändler und versorgte als Verleger die Allgemeinheit mit Bildern und Grafiken der Reformation. Als Maler schuf er mit seinem Hauptwerk »Gesetz und Gnade« auch Lutherbilder in den Köpfen von Generationen: Alles Licht fällt auf die Seite des Evangeliums, alles Dunkel auf die jüdische Seite, auf das sogenannte Gesetz.

Gleich hinter der Schlosskirche bezeichnet der Stadtgraben wie zu Luthers Zeiten das Ende dieser Handvoll Straßen. Außerhalb dieses mittelalterlichen Kerns liegt die Exerzierhalle. Hier spreche ich als Rektor des Abraham Geiger Kollegs an der Universität Potsdam zum Schriftverständnis im Judentum, hier wird auch über die Rolle des Rituals im Leben der Menschen diskutiert. An jüdisches Leben in Wittenberg erinnern indes nur ein paar Stolpersteine auf den Straßen. Vor dem Zweitem Weltkrieg und der Schoa waren in der Lutherstadt gerade mal siebzig Juden zu Hause. Hat wer überlebt?

Das jüdische Ernst-Ludwig-Ehrlich-Studienwerk, dessen Direktor ich bin, war auf der Weltausstellung ebenfalls zu Gast. Am Freitag haben wir als jüdisches Begabtenförderwerk den Schabbat begrüßt, zusammen mit christlichen und muslimischen Freunden, in einem lichten Pavillon aus Holzstelen, der auf ein wunderbares Projekt in Berlin verweist. Dort gibt es die Initiative, auf dem Petriplatz ein House of One zu bauen: Eine Synagoge, eine Kirche und eine Moschee sollen entstehen, die verbunden werden durch einen Raum der Begegnung im Innenhof.

Die Angehörigen der jeweils anderen Religionen waren als Gäste anwesend: Zu uns Juden gesellten sich quasi all die Heiden und Papisten, Schwärmer und Täufer, gegen die Luther einst hetzte. Dies dürfte zudem der erste jüdische Gottesdienst seit der Vorkriegszeit hier gewesen sein, geleitet von Rabbiner Alexander Grodensky und Kantorin Svetlana Kundish, Absolventen des Abraham Geiger Kollegs. Sie stammen aus der früheren Sowjetunion, so wie die etwa 120 Juden und Jüdinnen, die seit 1990 als sogenannte Kontingentflüchtlinge nach Wittenberg gekommen sind. Mich hat das sehr berührt. Und ein wenig amüsierte es mich, dass der Oberbürgermeister der Lutherstadt vorher dem Sprecher des Koordinationsrats der Muslime, Aiman Mazyek, das Goldene Buch der Stadt in die Exerzierhalle entgegenträgt, damit dieser sich einträgt. Was hatte doch Luther seine Not mit den »Türcken«!

Abends kann man all seine Eindrücke in Ruhe Revue passieren lassen. Schön ist es zum Beispiel in der Charles-Bar am Markt 7, in deren Gemäuer schon Luther und Melanchthon verweilten, mit Blick auf den Turm der Schlosskirche ganz links. Allein vierzehn Sorten Gin, das reicht für den ein oder anderen Gin Tonic an den Abenden der interreligiösen Woche. Das Lutherdenkmal schräg vorn auf dem Marktplatz liegt schon im Dunkeln; Martin Luther hatte als Biertrinker wohl auch keine Neigung zum Wacholderschnaps. Ich spüre indes, wie viel die Reformation von diesem kleinen Wittenberg aus im Leben der Europäer und darüber hinaus bewegt hat. Wir stehen auch heute vor vielen Veränderungen. In Wittenberg kann man sich geistig darauf vorbereiten.

DIE THEMENWOCHEN | 7. Interreligiöser Dialog

KABBALAT
Schabbat-Feier mit Rabbiner Walter Homolka, Margot Käßman, Rabbiner Alexander Grodensky und Imam Kadir Sanci im House of One.

Klezmer trifft Derwisch
und Meister Eckhart

AIMAN MAZYEK
*Vorsitzender des Zentralrats
der Muslime in Deutschland*

Ganz im Zeichen des muslimisch-christlich-jüdischen Dialoges stand diese Woche der Weltausstellung in Wittenberg. Es wurde deutlich gemacht, wo bereits ein gutes Miteinander gelingt, es wurden aber auch Fragen nach dem Reformbedarf in den Religionen gestellt. Für uns Muslime ist das gut, denn das Denken vieler müsste reformiert werden. Nicht der Islam als Glaube hat Probleme mit Gewalt oder Frauen, sondern einzelne Menschen, die im Namen dieser oder anderer Religionen sprechen und handeln.

Bewusst haben wir Wittenberg als Ort des Gesprächs mit dem Koordinationsrat der Muslime und der Evangelischen Kirche Deutschlands gewählt. Noch am Abend vor Beginn der Interreligiösen Woche haben wir uns dem Thema Mission aus christlicher und muslimischer Sicht zugewandt und leidenschaftlich diskutiert.

Einer der Höhepunkte waren die Gottesdienste – die ökumenische Messe, Schabbat und das Freitagsgebet. Dr. Imam Benjamin Idriz hielt eine wichtige Predigt, zu der viele Muslime, auch aus den benachbarten Städten, kamen.

DIE THEMENWOCHEN | 7. Interreligiöser Dialog

ISLAMISCHES *Freitagsgebet im House of One mit Imam Benjamin Idriz.*

Dabei wurde auch thematisiert, dass Muslime es oft schwer haben, Gebetsplätze zu finden. Auch in Wittenberg muss das Freitagsgebet meist in einer Turnhalle gefeiert werden. Nach der Eintragung ins Goldene Buch habe ich den Bürgermeister darauf hingewiesen, dass freie Plätze gefunden werden müssen, damit die Muslime wenigstens das Freitagsgebet würdig abhalten können und so ein vielfältiges religiöses Leben möglich wird.

Die Lutherstadt war auch Ort unseres Ramadanfestes. Etwa 120 Menschen, meist muslimische Geflüchtete, waren dafür gekommen. Osman Öres hatte Süßigkeiten und Kleingeld für die Kinder im Gepäck. Nach seiner Koranrezitation und dem Friedensbittgebet spielten, malten und tanzten die Kinder, und die Erwachsenen aßen und unterhielten sich über ihre Fastenerfahrungen.

Der Präsident des Lutherischen Weltbundes (LWB), Bischof Munib Junan, hatte kürzlich eine Distanzierung von Luthers Wahrnehmung des Islams als Bedrohung gefordert. Ich finde, das ist selbstverständlich, aber gleichsam bemerkenswert. Denn es ist wieder nur die Aussage eines Menschen und nicht der Religion an sich. Nur Gott ist unfehlbar, der Mensch ist fehlbar und vergisst. Auf Arabisch heißt Mensch Inssan, das Verb dazu ist nassa und bedeutet vergessen. Demnach ist der Mensch ein Geschöpf der Vergesslichkeit. Gott weiß das und übt Nachsicht. Wenn wir hinfallen, macht das (noch) nichts, tragisch ist es nur, wenn wir nicht wieder aufstehen und unser Menschsein vergessen.

Die Thora, das Evangelium, die humanistische Tradition und der Koran – sie alle sprechen davon, die Würde des Menschen zu achten und zu verteidigen. Diese Unantastbarkeit der Menschenwürde ist ein hohes Gut unserer Demokratie. Unsere Menschenrechte müssen stets aufs Neue verteidigt werden. Jede menschliche Zerstörungswut müssen wir zurückdrängen – ob in Form von Rassismus, religiösem Extremismus oder politischem Fundamentalismus. Wir Muslime haben ein großes Interesse daran, dem religiösen Extremismus in den eigenen Reihen entgegenzutreten. Wir brauchen Menschen, die Zuversicht, Solidarität und Nächstenliebe verbreiten. Muslime respektieren Jesus, so wie sie auch den anderen Gesandten Gottes mit Hochachtung begegnen. Die Gläubigen, so der Koran, »glauben an Gott und seine Engel, an seine Bücher und seine Propheten. Wir machen keinen Unterschied zwischen seinen Gesandten« (2:285). Mit »Bücher« sind die Thora und das Evangelium gemeint, an die Muslime in ihrer herabgesandten Form glauben. Aus der hohen Wertschätzung von Jesus im Islam lässt sich auch erklären, warum viele Muslime bei der Verunglimpfung von Jesus genauso viel Empörung empfinden wie bei der Verunglimpfung Mohammeds. Wir glauben an den einen Gott, der uns erschaffen hat. Nach muslimischer Gottesvorstellung ist und bleibt Gott eins und ungeteilt (5:116).

Besonders die Begegnungen, die täglich auf der Weltausstellung stattfanden, waren wichtig. Die Kraft des Glaubens ist dabei nicht eine Frage der Anzahl, sondern eine der Herzen. Menschen Frieden zu bringen und dabei die Kraft des Glaubens, jedes Glaubens, einzusetzen, das ist unsere Aufgabe. Christen und Muslime, Juden und Humanisten, darunter vor allem junge Menschen, bauen unser Deutschland gemeinsam weiter auf.——

 DIE THEMENWOCHEN | 8. Frieden

DIE INSTALLATION
»Boote auf dem Schwanenteich« der Fachhochschule Salzburg macht auf die europäische Asyl- und Migrationspolitik aufmerksam. Die Holzboote wurden sukzessive geborgen und in einer Werkstatt zu neuen Gegenständen umgearbeitet.

8

Frieden

DR. ROGER MIELKE, OBERKIRCHENRAT
*Referent für Fragen der öffentlichen
Verantwortung der Kirche, EKD*

Frieden braucht einen klaren Kopf, bewegte Herzen und Orte, an denen beides zusammenkommt. In Wittenberg hatte der Frieden einen solchen Ort: das Café Friedenswege am Schwanenteich. Während der Weltausstellung wirkte dort ein Team, das ziemlich bunt aus Ehrenamtlichen der evangelischen Friedensarbeit und Mitarbeitenden der Militärseelsorge zusammengewürfelt war: ein kleiner Stab in Wittenberg und in jeder Woche wechselnde Mitarbeitende auf Zeit.

Das ging nicht ohne Reibungen, aber es war sehr spannend. Gestandene Militärpfarrerinnen mit reichlich Erfahrung in Auslandseinsätzen und junge Pazifisten mit einer Leidenschaft für radikale Gewaltlosigkeit mussten erst einmal eine Ebene finden, auf der sie sich begegnen und dann mit Besucherinnen und Besuchern des Cafés ins Gespräch kommen konnten. Wie so oft funktionierte das am besten über den gemeinsamen Dienst. An jedem Morgen ein Moment der Besinnung und des Gebets – und dann: Kaffee kochen, Tassen spülen, Gäste willkommen heißen, Gespräche führen, Veranstaltungen moderieren. Ein Friedensprojekt ganz eigener Art! Am Ende sagte eine der Beteiligten: »In der gemeinsamen Zeit sind

DIE THEMENWOCHEN | 8. Frieden

OFFEN, *aber geschützt: Der Sakralraum, ebenso wie die Flüchtlingsboote aus Holz geflochten, dient als Aussichtspunkt über den Schwanenteich und zugleich als Raum für Andacht.*

wir als Team zusammengewachsen und sind auch aneinander gewachsen – gerade dort, wo wir gestritten haben und erst einmal zueinanderfinden mussten.« Vielleicht ein Modell für Friedensprozesse überhaupt?

Interessant auch, wie das Café zum Anlaufpunkt für Menschen aus Wittenberg wurde. Viele erzählten über ihre Erlebnisse aus DDR-Zeiten, über die Veränderung in der Stadt und: Alle waren froh über die Lebendigkeit und die vielen Menschen, die durch die Weltausstellung nach Wittenberg kamen.

Die Themenwoche »Frieden« lebte auch von ihren Veranstaltungen, von Gesprächen, Informationen und Gebeten. Etwas von alledem hatte der vielleicht beeindruckendste Moment der Themenwoche, die »Lichterprozession für den Frieden«: Am Samstag um 21 Uhr traf man sich vor der Schlosskirche. Kerzen wurden entzündet, Lieder und Taizé-Gesänge angestimmt. Langsam bewegte sich der Zug von mehr als 300 Menschen bis zur erleuchteten Bühne am Marktplatz. Spontan hatte sich dort der Chor des Evangelischen Seminars Maulbronn auf der Bühne versammelt, verstärkt durch junge Volunteers aus vielen Ländern. Das gesungene »Dona nobis Pacem« lud zum Mitsingen ein. Christoph Münchow und Wolfgang Buff von der Evangelischen Friedensarbeit fanden die richtigen Worte. Jung und Alt, Einheimische und internationale Gäste standen gemeinsam ein für eine friedliche Welt.

Am Sonntagabend ein weiterer Höhepunkt: Die kleine »Hoffnungskirche« der Wittenberger Baptistengemeinde war über den letzten Platz hinaus gefüllt, als Lieder und Texte von John Lennon erklangen, vorgetragen von der Reformationsbotschafterin Margot Käßmann und dem Musiker Johnny Silver: »Love & Peace – John Lennon, seine Lieder und die Religion.« Auch nach nahezu 50 Jahren klingt der Traum von einer friedlichen Welt durch ein Lied wie »Imagine« und berührt Menschen – wohl auch, weil in den Texten darauf verwiesen wird, dass die Religionen in der Geschichte der Menschheit ebenso Quelle furchtbarer Gewalt wie Inspiration für Gerechtigkeit und Frieden waren – und es bis heute sind.

In kleinerer Runde fanden weitere Veranstaltungen zum Thema Verantwortung in der Friedenspolitik statt. Militärdekan Dirck Ackermann sprach mit der sozialdemokratischen Bundestagsabgeordneten Ute Finckh-Krämer unter dem Titel »Als Pazifistin in der Politik?«. Sie berichtete von den Spannungen, die sich aus einer pazifistischen Grundhaltung und den realpolitischen Erfordernissen ihrer Arbeit ergeben. Was hilft dabei, diese Spannung auszuhalten? »Geduld, zähe Beharrlichkeit, auch gegen Widerstände – und auch eine Frustrationstoleranz« – so die Quintessenz der Erfahrungen von Ute Finckh-Krämer.

Im Gespräch mit Jan Gildemeister von der Evangelischen Friedensarbeit zeichneten Andreas Dieterich vom evangelischen Hilfswerk Brot für die Welt und Christine Hoffmann von der deutschen Sektion der katholischen Friedensbewegung Pax Christi die Wege deutscher Waffenexporte nach und betonten die Mitverantwortung deutscher Politik an vielen Konflikt- und Krisenherden der Welt.

Ein großer Traditionsstrang evangelischer Friedensarbeit wurde in den Zeitzeugengesprächen »Schwerter zu Pflugscharen« beleuchtet. An jedem Mittag der Themenwoche, um 14 Uhr im Lutherhof, berichteten prominente Gesprächspartner aus der Friedensbewegung der ehemaligen DDR von ihren Erfahrungen in den 1980er Jahren. Vielerorts bildeten sich damals Friedens- und Umweltgruppen. Von Harald Bretschneider, damals Landesjugendpfarrer der sächsischen Kirche, stammte die Idee, das biblische Motiv »Schwerter zu Pflugscharen« zu verwenden. Es wurde zum Sinnbild der kirchlichen Friedensbewegung in Ost und West.

Im Lutherhof war es auch, wo auf dem Wittenberger Kirchentag 1983 unter den Hammerschlägen von Schmied Stefan Nau aus einem Schwert eine Pflugschar entstand – in einer von Friedrich Schorlemmer, zu der Zeit Dozent am Wittenberger Predigerseminar, geleiteten Veranstaltung. Im

DIE THEMENWOCHEN | 8. Frieden

Rahmen der Zeitzeugengespräche erzählten er und Harald Bretschneider davon. Weitere Gesprächspartner waren der Komponist Michael Stolle, die ehemaligen Bausoldaten Wolfgang Geffe und Hans-Martin Ilse, und Waltraut Zachhuber, in den 1980er und 1990er Jahren Superintendentin in Magdeburg.

Friedrich Schorlemmer sagte rückblickend über die kirchliche Friedensbewegung: »Das hat damals viele Menschen dazu ermutigt, angesichts der Aufrüstung und Militarisierung ihre Stimme zu erheben und ihre Absage an Geist, Logik und Praxis der Abschreckung zu formulieren.« Für die Zuhörerinnen und Zuhörer war es ermutigend zu erfahren, wie während des Kalten Krieges aus einer kleinen Gruppe engagierter Christinnen und Christen eine starke Bewegung werden konnte, die einen entscheidenden Beitrag zum Fall des Eisernen Vorhangs und für die friedliche Revolution leistete. Trotzdem stand auch die Frage im Raum, was aus den politischen Erfahrungen dieser Generation geworden ist und ob sie ihren

> *»Einig war man sich darüber, dass angesichts der weltweit wachsenden Spannungen eine neue Friedensbewegung dringend gebraucht wird.«*

angemessenen Ort im politischen Gedächtnis unseres Landes hat. In einem Bericht über die Themenwoche »Frieden« dürfen die Friedensgebete nicht unerwähnt bleiben. Frieden ist in christlichem Verständnis zunächst Gabe Gottes und erst aus der Erfahrung des geschenkten Friedens heraus Aufgabe politischer Gestaltung. Jeden Mittag um 12 Uhr kam in der LichtKirche der Evangelischen Kirche von Hessen und Nassau eine überschaubare, aber treue Schar zusammen, um für den Frieden zu beten. Zeitgleich fand auch im Café Friedenswege ein Friedensgebet statt. Am Freitagabend der Themenwoche gab es außerdem ein von der Aktion Sühnezeichen Friedensdienste gestaltetes »Politisches Nachtgebet«, das geistliche Besinnung und politische Gestaltung, »Kontemplation und Kampf« auf inspirierende Weise miteinander verband.

Was bleibt? Im Rückblick auf die Themenwoche »Frieden« bin ich dankbar für die Vielfalt an Impulsen, Gebeten, Begegnungen und Gesprächen,

SCHWERTER
zu Pflugscharen – damals und heute; Interviews mit Zeitzeugen von 1983 mit Friedrich Schorlemmer (Pfarrer i.R., Bürgerrechtler und Autor, Wittenberg), Interviewer: Roger Mielke.

KREIDE-BOTSCHAFTEN
an der Außenwand des Pavillons »Briefe an die Welt«.

die zu Schritten auf dem Weg des Friedens ermutigen. Sehr lebendig wurde der im Titel der EKD-Friedensdenkschrift von 2007 angesprochene Zusammenhang: »Aus Gottes Frieden leben – Für gerechten Frieden sorgen.« Viele Besucherinnen und Besucher und eine große Zahl internationaler Gäste haben diesen Geist des Friedens mitgenommen. Wir haben ihn bitter nötig in unserer Zeit.

DIE THEMENWOCHEN | 9. Spiritualität

BESUCHER
des Bunkerbergs

9 Spiritualität

MECHTHILD WERNER
Evangelische Landeskirche der Pfalz

FRITZ BALTRUWEIT
Pastor und Liedermacher

Gott küsst unterwegs… Der Reformationssommer im kirchenfernen Osten war für Wittenberger wie für Weltgäste eine Entdeckerreise. Die Besucherzahlen fielen niedriger aus als erwartet, das Interesse der unkirchlichen Bevölkerung höher als gedacht. Menschen unterschiedlicher Glaubenswelten begegneten einander und vielerorts auch Gott. Und das nicht nur in Luthers Kirchen. Im Wortsinne durch-gehende Angebote wie Kurzandachten auf öffentlichen Plätzen und eine Spiritual Journey erschlossen an alltäglichen Orten »andere« Räume.

Gott küsst unterwegs… im Seelen-Raum: sich erden und gen Himmel strecken. Sich finden und verlieren. In sich hineinhören und über sich hinaussehen. Wie und wo geschieht das? In Wittenberg etwa auf dem Bunkerberg. Einst war der Bunker Schutzraum. Nun bietet er dank einer bleibenden Installation einen besonderen Halt zwischen oben und unten. Spiegelflächen, in Brückenform, in Kreuzform brechen das Sonnenlicht, spiegeln das Grün der Erde, das Blau des Himmels. Besucherbeine, die entlanglaufen, Gesichter, die hineinsehen, werden ins Unendliche vervielfältigt. Das Spiel mit den Wirklichkeiten geschieht intuitiv.

Rund sieben Minuten jeden Morgen und Mittag sammeln sich Menschen dort oben, bei jedem Wetter. Wenige Psalmverse, einfache Gebete, ein kurzer reformatorischer Impuls. »Und besonders die Stille tut mir gut.« Ein Satz, den die meisten sagen. Denn mehr braucht es nicht, um anzukommen. Bei sich, den anderen, bei Gott. Einige steigen morgens direkt aus dem Reisebus die Stufen hoch, singen und beten mit uns. Viele kommen auch zum Tagesausklang direkt wieder zum Abendgebet auf dem Marktplatz. Die Heftchen »Spiritual Journey« mit den knappen Liturgien und einem spirituellen Wegweiser durch die Stadt begleiten viele durch die Tage.

Das war ein Fazit des Gesprächs zwischen Reformationsbotschafterin Margot Käßmann und des katholischen Philosophen und Professors Martin Thurner aus München. Wie und wo werden Menschen von Gott berührt, die mit Kirche kaum mehr Berührung haben?

> *»Die Aufgabe der Kirchen und Religionen ist es, die Menschen für Erfahrungen der Mystik zu öffnen, aber sie dann auch bei den überwältigenden Erfahrungen zu begleiten.«*

Gott küsst unterwegs… im Musik-Raum. Musik ist ein Seelenöffner. Ob Choräle, Klassik, Volksmusik oder Gospelrockpop, die »Musica« ist ein entscheidendes spirituelles Element. »Musik ist ein Geschenk Gottes, das die Seele fröhlich macht, den Teufel verjagt und unschuldige Freude weckt«, weiß nicht erst Martin Luther. Aber er sagt es laut.

Musik berührt alle Sinne, schlüpft über die Ohren direkt in die Seele und weckt Gefühle. »Musik kommt von Gott, geht wieder zu ihm hin und macht Station bei den Menschen«, meint Kirchenmusikdirektor Sebastian Saß aus Bernburg in einem Beitrag zur Themenwoche »Spiritualität«.

»Das fasst mich so an, das Lied vom Engel«, meint eine Besucherin beim Abendsegen, »obwohl ich noch nie in der Kirche war.« Zeitgenössische Lieder neben (modernen) Kirchenklassikern, Vortragsstücke und Mitsinglieder sind ansprechend, besonders zu den Andachten und Konzertlesungen im öffentlichen Raum.

Beim Volksliedersingen am Riesenrad sind die gut 150 Besucher an Biertischen trotz Regens nicht zu vertreiben. »Sind das nur christliche Lieder oder auch welche, die wir mitsingen können?«, fragt ein junger Mann im Vorfeld. Das Singen bekannter volkstümlicher Melodien, jenseits von Playback-Schunkelei, schafft Heimatgefühle und Gemeinschaft. Auch in der evangelischen Tradition.

In der Regel bestimmt »bildungsbürgerliche Kirchenklassik« die regulären Gottesdienste. Jenseits einiger Nischen findet populäre Musik schwer Raum. Luther selbst hat hingegen Volkslieder, Schlager, gar Gassenhauer mit seinen reformatorischen Ideen neu vertextet. Er hat dem Volk nicht nur beim Sprechen, sondern auch beim Singen aufs Maul geschaut. Mit Erfolg. Seine Lieder waren ein wichtiges Medium, gewissermaßen ein »Motor« der Reformation.

Gott küsst unterwegs... im Gottes-Raum. Kirchen sind Orte mit Anziehung und spiritueller Aura, selbst für Menschen, die nicht wissen, was eine Kirche ausmacht. Stadtkirche und Schlosskirche werden im Reformationssommer regelrecht überrannt. Spezielle Führungen, auch durch Kinder, schärfen das Auge. Doch selbst jenseits kulturhistorischen Interesses berührt eine Kirche auf den ersten Blick. Ein umschlossener Raum, der das Innenleben umfängt, die Seele beruhigt, birgt und zugleich weitet. Erfahrungen des Heiligen.

»Kirchen sind besondere Orte... Das macht sie auch für Menschen, deren Alltag nicht mit christlichen Symbolen verbunden ist, zu Orten der Identifikation«, so lauten Vorwort und Voraussetzung des Wettbewerbs »Kirchengebäude und ihre Zukunft – Sanierung – Umbau – Umnutzung«, dessen Ergebnisse in der Themenwoche Spiritualität präsentiert und diskutiert werden.

Angesichts schwindender Kirchgängerzahlen, steigender Gebäudeunterhaltungskosten und einer sich wandelnden Spiritualität ist der Diskurs von Fachleuten und Studierenden aus Architektur und Theologie zukunftsweisend. »Kirchen neu zu denken ist megaspannend«, resümiert eine Architekturstudentin. Wie sprechen Kirchen auch Nichtkirchliche an? Wie werden Kirchräume neu belebt, als Haus Gottes und der Menschen?

Ob Umbauten oder Raum-in-Raum-Lösungen, ob Kolumbarium, kulturelle Mitnutzung, teilweise Umnutzung in Kindergarten oder Turnhalle: Die Bandbreite zeitgemäßer Kirchen ist groß. Teils sind nur Taufstein, Ambo, Altar fest fixiert. Bänke, Stühle, Tische, ja Betten lassen sich frei um diese Mitte stellen. Gottesdienstort, Konzerthalle, Vesperkirche oder Flüchtlingszuflucht: Orte der Begegnung. Auch mit Gott.

Gott küsst unterwegs... im Stadt-Raum. Zum Auftakt der Themenwoche begeben sich etwa 30 Menschen auf eine spirituelle Reise an zwölf Stationen in der Stadt. Auch allein lässt sich jene »Spiritual Journey« antreten. Eine Station: der Friseurladen. Ein kurzer Impuls wird gelesen. Von Meister Peter, der von Martin Luther wissen wollte: »Wie kann ich beten lernen?« Kurzes Innehalten zur Frage »Wie bete ich?«. Später auf dem Marktplatz, neben Luthers und Melanchthons Denkmal ein Podest. Sich daraufstellen und sich fragen: »Wofür stehe ich?«

Das Innehalten an profanen Orten tut der Stadt spürbar gut, besonders denen, die hier leben. Besonders beim öffentlichen Abendsegen ist das zu hören. Eine junge Wittenbergerin spricht für viele: »Wie schön, dass auf dem Marktplatz wieder gebetet wird.« Und gesungen. Nach dem letzten Sechs-Uhr-Glockenschlag stimmen alle miteinander in einen einfachen Kanon ein.

Dann lässt sich unter offenem Himmel sitzen oder stehen. Nah am Geschehen oder im Vorbeiflanieren im Hintergrund: Gott auf dem Markt begegnen. »Ick bin ja gottlos, versteh nüscht von Kirche, aber was Sie hier machen, versteh ich«, schmunzelt eine ältere Dame, »besonders die Geschichten.« Kleine Szenen des Tages, Erlebtes zwischen Himmel und Erde, sprechen auch Passanten an. Und natürlich die Musik. Baltruweit-Klassiker, die »klingen wie Reinhard Mey«, sind anziehend und locken bereits vor dem Glockenläuten Gäste an.

In den ersten Wochen sitzen vielleicht zwanzig bis dreißig Leute auf den Bänken vor der Bühne. Bald singen und beten auch manche an den Cafétischen und Bierbänken rund um den Platz mit. Am Ende jeder Marktplatzandacht sind mehr Besucher dabei als zu Beginn, teils mehr als zweihundert Menschen.

Die 95 Abendsegen des Reformationssommers hatten beständig Zulauf. »Wir werden den Tagesabschluss vermissen, kann das nicht weiterlaufen?«, wurde von einigen Wittenbergern angefragt. Wie also weiter nach dem Jahr der 95 Thesen? Luther wird auf dem Marktplatz stehen. Wir können weitergehen. Dahin, wo Gott küsst und die Menschen unterwegs sind. —

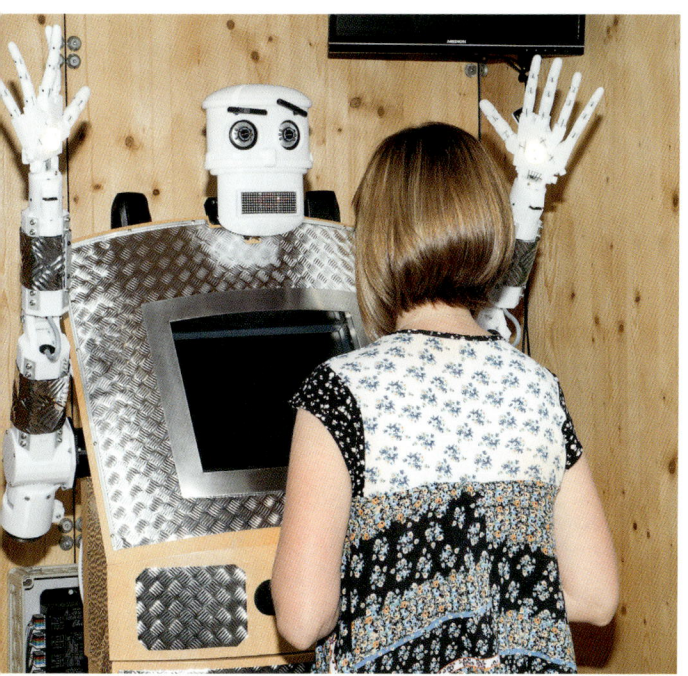

BLESSU-2,
Segensroboter der Landeskirche Hessen und Nassau.

PAVILLON
des Torraums »Spiritualität«.

SPIRITUELLER
Abendsegen auf der Marktbühne mit Fritz Baltruweit.

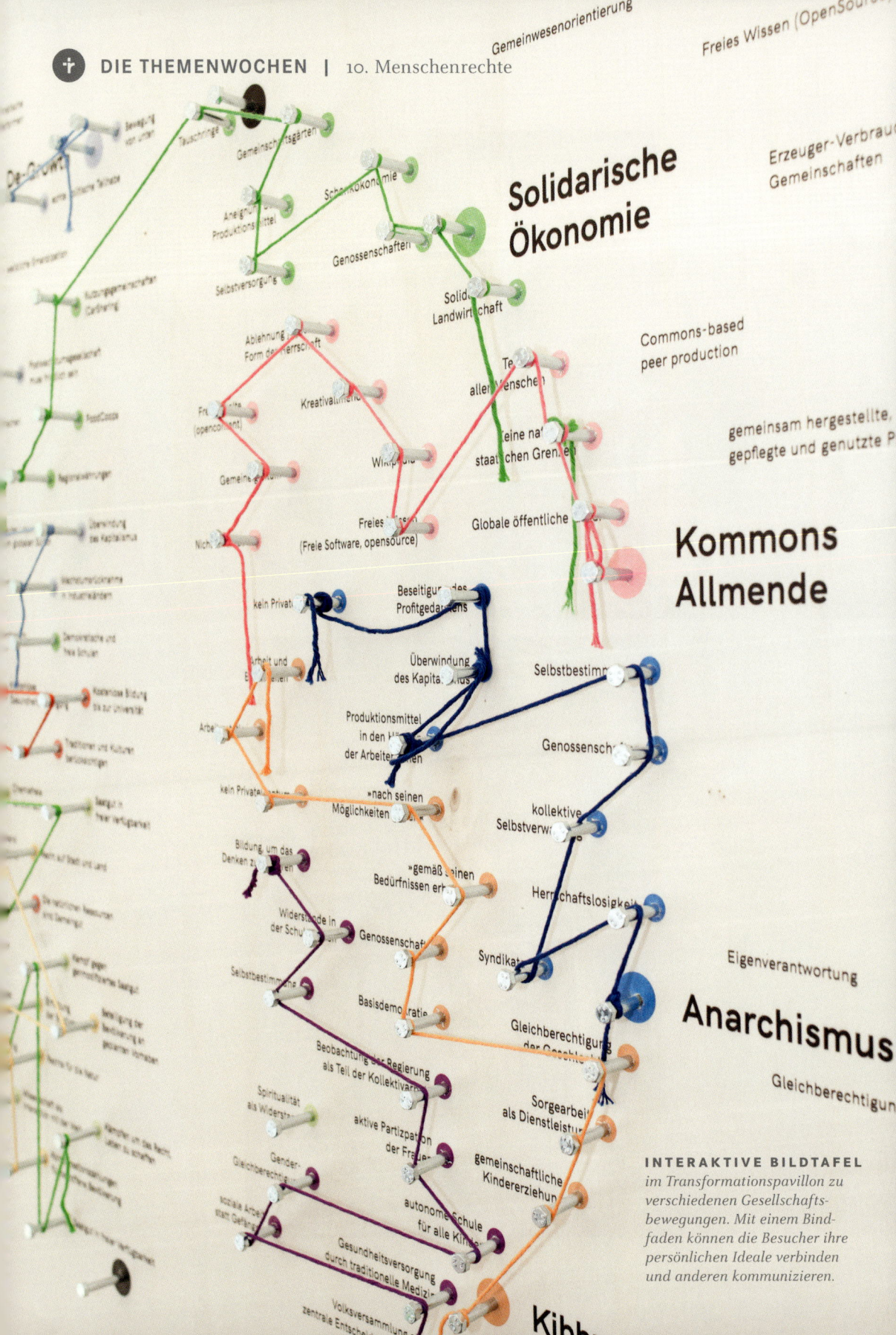

10

Menschenrechte

PROF. DR. DR. H. C. WOLFGANG HUBER
Bischof a. D., 2003 bis 2009 Ratsvorsitzender der EKD

MEIKE DOBSCHALL
Reformationsjubiläum 2017 e. V.

Menschenrechte sind ein elementares Gut. Sie beruhen auf der gleichen Würde aller Menschen und stehen jedem zu, ohne dass er sie sich erst erarbeiten oder verdienen muss. Doch noch immer werden sie vielen verweigert; das Ausmaß, in dem Menschen um ihre Rechte kämpfen müssen, begegnet uns in Flüchtlingen und Asylsuchenden hautnah. Nur wer sich solchen Erfahrungen aussetzt, beginnt zu begreifen, worin eigene Beiträge zur Verteidigung und Förderung der Menschenrechte bestehen können. Dieser Fragestellung war eine Woche auf der Weltausstellung gewidmet.

Ein Ergebnis von Menschenrechtsverletzungen sehen die meisten von uns schon, wenn sie an sich herunterblicken. Unsere Kleidung wird oft unter untragbaren Umständen hergestellt. Die meisten Näherinnen und Näher erhalten einen Hungerlohn. Wer es wagt, eine Gewerkschaft zu gründen, kann seinen Job verlieren; für die Familie ist das noch schlimmer als ein Hungerlohn. Arbeits- und Gesundheitsschutz werden oft mit Füßen getreten. In wohlhabenden Ländern führen die billigen Preise zu einem Überkonsum an Kleidungsstücken. In manchen Läden wird schon erklärt, die Produkte seien nicht zum Waschen gedacht. Kaufen, Anziehen, Wegschmeißen – so heißt dann der Zyklus.

Das Billige vertreibt das Gute. Für die Firmen sind die Kontrolle der Lieferketten und die Transparenz über Materialien und Herstellungsbedingungen freiwillig. Die Kaufgewohnheiten stärken diese laxe Praxis. Dabei können Konsumenten Veränderungen bewirken. Gleichzeitig müssen Regelungen durchgesetzt werden, die eine transparente Lieferkette zur Pflicht machen.

Die Menschenrechte sind in vielen Ländern unter den Schatten des Rechtspopulismus geraten. Alte Ideologien werden mit modernen Mitteln verbreitet; vor allem junge Menschen sollen dadurch erreicht werden. Rechtspopulisten sehen sich als die alleinigen Repräsentanten des Volkes

> *»Einem Menschen seine Menschenrechte zu verweigern bedeutet, ihn in seiner Menschlichkeit zu missachten.«*
> *Nelson Mandela*

an. Alle, die anders denken, werden als Verräter beschimpft. Die Bewegung benutzt einen apokalyptischen Tonfall und redet von der Rettung des christlichen Abendlandes. Dabei ist die Verachtung von Fremden und Andersdenkenden mit christlichen Werten unvereinbar. Die Sprache wird militarisiert, Flüchtlinge werden als Invasoren bezeichnet. Henning Flad hält treffend fest: »Wer so redet, redet Gewalt herbei!« Denn es bleibt nicht bei Worten. Zahlreiche Flüchtlingsunterkünfte wurden in Brand gesetzt und Menschen verletzt. Auch die Helfer in der Flüchtlingsarbeit werden bedroht. Der Staat und auch die Kirche müssen sich klare Ziele setzen. Inhaltliche Klarheit muss sich mit Diskussionsbereitschaft verbinden. Jede Auseinandersetzung muss in Form und Inhalt zivil bleiben. Die Aufgabe von Kirchengemeinden ist es, eine angstfreie Atmosphäre zu schaffen – und zu diskutieren, diskutieren, diskutieren.

Und wie steht es um die Religionsfreiheit? Eine beachtliche Zahl von Zugewanderten wird in Kirchengemeinden aktiv; an vielen Orten lassen Geflüchtete sich taufen. Bei den Verfahren, mit denen ihr Bleiberecht

VOLUNTEERS
(Bild li.) aus der ganzen Welt im Dialog über Meinungsfreiheit im Café Friedenswege.

WOLFGANG HUBER
(Bild re.) bei dem Workshop »Sorgt euch nicht…, was ihr anziehen werdet«, ein Workshop zum Thema sozial und ökologisch faire Textilien mit Sarah Lincoln (Menschenrechtsreferentin, Brot für die Welt), Waltraud Waidelich (Sozialökonomin, Frauenwerk der Nordkirche) im Transformationspavillon.

überprüft wird, kommt es aber teilweise zu Eingriffen in ihre Religionsfreiheit. Denn der Staat hat kein Recht dazu, religiöse Überzeugungen zu überprüfen. Auch Christen deutscher Sprache könnten die Fragen, die dabei gestellt werden, oft nicht korrekt beantworten. Das ist Grund genug, die Gewährleistung der Religionsfreiheit hochzuhalten und sich über die besondere Leistungsfähigkeit des deutschen Religionsverfassungsrechts Klarheit zu verschaffen.

Bedrückend oft wird der Aufenthalt von Geflüchteten in Deutschland beendet, obwohl sie eine Ausbildung begonnen haben und auf dem Weg der Integration gut vorangekommen sind. Das Ungenügen von Rechtsregeln und Rechtspraxis tritt an solchen Beispielen offen zu Tage.

Die letzte Rettung: Kirchenasyl? Das Kirchenasyl ist eine Nothilfe, aber kein staatsunabhängiges Rechtsinstitut. Es ist für die Kirchengemeinden mit hohen Belastungen verbunden. Sorgfältige Prüfung des Einzelfalls, verlässliche Unterstützung und rechtliche Klärung sind unerlässlich. Nur im Einvernehmen der ganzen Gemeinde und nach Abstimmung mit kirchlichen Verantwortungsträgern ist zu einem solchen Schritt zu raten. Härtefallkommissionen sind eine wichtige Hilfe, doch haben sie oft nicht genug Macht. Die letzte Entscheidung liegt bei den Gerichten und der Politik.

Freie Meinungsäußerung – in Deutschland weithin selbstverständlich, global gesehen noch immer ein Privileg, wie fünf Volunteers in einer

DIE THEMENWOCHEN | 10. Menschenrechte

PODIUMSDISKUSSION
mit Sarah Lincoln (Menschenrechtsreferentin, Brot für die Welt), Frank Hoffer (Ökonom, ACT – Initiative on Living Wages), Margot Käßmann (EKD-Botschafterin des Reformationsjubiläums), Katrin Jäger (Moderation) im Transformationspavillon.

selbstorganisierten Veranstaltung aufzeigten. Ob das im Völkerrecht weltweit anerkannte Recht auf Meinungsfreiheit geachtet wird, hängt in hohem Maß von der Regierungsform ab; in Diktaturen ist es darum schlechter bestellt als in Demokratien. Aber auch in Demokratien kann dieses Recht beeinträchtigt sein, wenn sich in ihnen – wie in Nicaragua – neue Arten von Machtmonopolen bilden. Wenn ein Staatspräsident – wie derzeit in den USA – Pressemeldungen unterdrückt und Journalisten einschüchtert, zeigt sich, wie leicht die Situation kippen kann. Zur Gegenwehr werden die sozialen Medien eingesetzt. Für Menschen in Ländern ohne zureichende Informations- und Meinungsfreiheit erscheinen die sozialen Medien im Vergleich zu den offiziellen Nachrichtensendern als die zuverlässigeren Quellen. In Venezuela etwa wird in den Nachrichten nur Positives berichtet, während die kritische Diskussion sich allein im Internet abspielt. Freilich bietet auch das Internet Plattformen für Agitation, Radikalisierung und Gewaltdarstellungen. Doch Kritikfähigkeit vorausgesetzt, können die sozialen Medien als politische Foren genutzt werden, nicht nur zum Vergnügen. Die Volunteers der Weltausstellung stammten aus 27 verschiedenen Ländern; sie nutzten die gemeinsame Zeit in Wittenberg zu intensivem Austausch und ließen andere daran teilhaben. Sie bestärkten sich wechselseitig in der Überzeugung, dass Meinungsfreiheit nicht nur ein Privileg ist. Vielmehr muss sie genutzt werden, um demokratisches Bewusstsein und Verantwortungsbereitschaft zu stärken.

Verletzungen der Menschenrechte wie Sklaverei, Einschränkung der Religionsfreiheit, Ausbeutung, Diskriminierung und das Verbot der freien Rede bildeten nur einige der Diskussionsschwerpunkte auf der Weltausstellung in Wittenberg. Immer wieder wurden Verbindungen zur reformatorischen Tradition gezogen.

> »Kirchen, so wurde betont, können zum Schutz der Menschenrechte nur dann überzeugend beitragen, wenn sie zur eigenen Geschichte ein selbstkritisches Verhältnis entwickeln.«

Ein Vortrag des Theologen Klaus-Peter Jörns zeigte beispielhaft, dass der theologische Streit weitergeht. Die Pluralität von Meinungen und Positionen in der Kirche kann ein wirksamer Beitrag zu einer Kultur der Menschenrechte sein. In der Reformation den Ursprung der modernen Menschenrechte zu sehen, wäre allerdings eine grobe Vereinfachung. Denn auch die Reformatoren haben Eingriffe in die Glaubensfreiheit, Einschränkungen der Meinungsfreiheit und Verstöße gegen das Recht auf politische Selbstbestimmung gerechtfertigt. Heute jedoch wird die von den Reformatoren wiederentdeckte Freiheit aus Glauben als Quelle und Motivation für die Anerkennung der gleichen Rechte aller Menschen wahrgenommen. Im eigenen Land und weltweit kann dies die einzelnen Christen und die Kirchen zum Einsatz für die Menschenrechte ermutigen.

DIE THEMENWOCHEN | 11. Eine Welt

PFADFINDER
im Eine-Welt-Zelt bei einem Quiz zu Gerechtigkeit und Globalisierung.

11

Eine Welt

DR. PATRICK ROGER SCHNABEL
Referent des Kirchlichen Entwicklungsdienstes (KED) der Evangelischen Kirche Berlin-Brandenburg-schlesische Oberlausitz (EKBO)

Die Reformation ist eine Weltbürgerin und das nicht erst seit gestern. Der Buchdruck und die enge Vernetzung der europäischen Universitäten verbreiteten die neuen Ideen schon zu Luthers Lebzeiten in Windeseile. Sie trugen so auch zur schnellen Pluralisierung der evangelischen Lehren bei. Heute finden sich Kirchen, die ihren Ursprung in den religiösen Umbrüchen des 16. Jahrhunderts haben, überall auf der Welt.

Gleichwohl haftet dem Protestantismus auch stets etwas leicht Provinzielles an. Zwei Faktoren spielen dabei eine wichtige Rolle. Der erste ist im Kern politisch, nämlich die Jahrhunderte währende Abhängigkeit vom Schutz bestimmter Territorialmächte und die daraus hervorgehenden neuen Bündnisse zwischen Thron und Altar. Im Gegensatz zum universellen Anspruch des katholischen Reichsgedankens trug die konfessionelle Spaltung zur ideologischen Fundierung ethnisch-kulturell homogener Nationalstaaten bei. Der zweite ist im Kern theologisch, nämlich die evangelische Minimalekklesiologie. Die Reduzierung – oder je nach Standpunkt: Erweiterung – des Kirchenbegriffs auf Versammlungen, in denen das Evangelium rein gelehrt und die Sakramente recht verwaltet werden, förderte die organisatorische Zersplitterung der evangelischen Christenheit. So waren sich die neuen Partikularkirchen lange selbst genug, territorial wie konfessionell. Einheit oder auch nur Verbindendes über die geografische oder denominationale Grenze hinaus wurde nicht gesucht.

Zielte gerade die theologische Neubestimmung des Kirchenbegriffs durch die Reformation darauf ab, die Bedeutung, jedenfalls den Heilsbezug der äußeren Gestalt der Kirche zu relativieren, erreichte sie im Ergebnis das Gegenteil. Sie ermöglichte nicht den lebendigen Austausch der vielen Glieder am Leibe Christi, sondern beförderte den Verlust von Einheitsbewusstsein und Zusammenhörigkeitsgefühl der Weltchristenheit. Das benachteiligte die protestantischen Kirchen in einem entscheidenden Punkt gegenüber ihrer römisch-katholischen Schwester. Nach deren Verständnis soll die Kirche ein Zeichen der Einheit unter den Völkern sein. Dabei bringt der Begriff der Weltkirche auch zum Ausdruck, »dass sich eben diese eine Kirche weltweit in je einzelnen Kirchen vor Ort verwirklicht und (Welt-)Kirche eben gerade in diesem wechselseitigen Verhältnis zueinander besteht«[1]. Sie ist globale Lern-, Gebets- und Solidargemeinschaft[2].

Mit der Einen Kirche geriet aber auch die Eine Welt aus dem Blick. Die Themenwoche »Eine Welt« versuchte mit zahlreichen Debatten, Workshops, aber auch Kunstausstellungen den Blick für beides wieder zu schärfen.

> *»Die wichtigen Impulse für internationale Solidarität und weltweite Gerechtigkeit kamen aus der ökumenischen Bewegung.«*

Mit dem Widerspruch zwischen theologischem Anspruch und kirchlicher Wirklichkeit wurden die Kirchen der Reformation selbst erst in der Begegnung mit der Welt spürbar konfrontiert. Aus den Missionsgebieten Afrikas und Asiens kam der Impuls, die eigene Zersplitterung nicht in die Welt zu tragen, sondern in der Welt zu überwinden. Aus der ersten Weltmissionskonferenz, die 1910 in Edinburgh stattfand, erwuchs die ökumenische Bewegung. Während damals der ökumenische Impuls von Europa aus in die Welt ging, kehrt er heute aus Afrika zurück: Während der Themenwoche wurden die Planungen für die Weltmissionskonferenz

KOMETENSPLITTER:
Lesung der beiden Autoren aus ihren Büchern »Nicaraguanische Legenden und Volkserzählungen« (Carlos Ampié Loría) und »Kometensplitter – Interviews mit Frauen in Nicaragua« (Katja Ullmann) im Christuszelt.

2018 im tansanischen Arusha vorgestellt. Zahlreiche nichteuropäische Gäste machten deutlich, dass die Ökumene stets Mittlerin für ein globales Bewusstsein war und auch in der Gegenwart Europa bereichert.

»Ökumene« (von griechisch οἶκος, Haus) meint begrifflich die bekannte und bewohnte Welt, das Haus der Menschheit und der Kirche. Ökumenische Praxis ist darum der Ausgangspunkt für evangelische Christen, den Eine-Welt-Gedanken zu leben. Deshalb kamen die wichtigen Impulse für internationale Solidarität und weltweite Gerechtigkeit aus der ökumenischen Bewegung. Aus den vielen Beispielen seien zwei besonders hervorgehoben: Der Ruf aus den 1960er Jahren, das Almosengeben durch echte Entwicklungszusammenarbeit auf Augenhöhe zu ersetzen, und der Aufruf aus den 1980er Jahren, sich am Konziliaren Prozess für Gerechtigkeit, Frieden und die Bewahrung der Schöpfung zu beteiligen.

In vielerlei Hinsicht waren die ökumenisch orientierten Kirchen in ihrem Einsatz für die Eine Welt ihren Gesellschaften und Staaten voraus. Ein Beispiel ist der faire Handel. Eine-Welt-Läden verkauften so lange beharrlich fair gehandelte Produkte, bis die Idee auch den Massenmarkt erreichte. Damit steht der faire Handel für viele Bereiche kirchlichen entwicklungspolitischen Engagements, das auf politischer und wirtschaftlicher Ebene erst anfängt, Früchte zu tragen, aber vom durchschlagenden Erfolg noch weit entfernt ist. Dies verdeutlichten die Debatten mit den r2017-Volunteers während der Themenwoche. Ebenso engagiert wie ambitioniert betonten sie, dass punktuelle Fairness im Einzelhandel gerechte Bedingungen im Welthandel nicht ersetzen kann. Darüber hinaus sind die Kirchen angesichts globaler Herausforderungen heute aber mehr denn je mit ihrer prophetischen Stimme gefragt.

Kirchen sind nicht länger Protagonisten der Einen Welt. Zivilgesellschaft, Wirtschaft und Politik sind – zwar auch nicht flächendeckend, aber punktuell – oft schon weiter. Zu einem religiösen Bedeutungsverlust droht der Verlust der Bedeutung als transformierender gesellschaftlicher Kraft hinzuzutreten. Beides gehört zusammen: »Ihr seid das Salz der Erde. Wenn nun das Salz nicht mehr salzt, womit soll man salzen? Es ist zu nichts mehr nütze, als dass man es wegschüttet und lässt es von den Leuten zertreten« (Mt 5,13).

> *»Es ist deshalb nicht nur traurig, sondern wirklich beängstigend, in welchem Maße in den letzten Jahren die Beschäftigung mit sich selbst der Verkündigung und gelebten Weltverantwortung innerkirchlich Raum und Kraft genommen hat.«*

Die Vereinten Nationen haben 2015 mit den Nachhaltigen Entwicklungszielen (SDG) einen »Weltzukunftsvertrag« vorgelegt, der viele Impulse des Konziliaren Prozesses für Gerechtigkeit, Frieden und die Bewahrung der Schöpfung aufnimmt. Auch bei der Weltausstellung spielte dies in den Torräumen wie besonders in dieser Themenwoche eine zentrale Rolle. In den Diskussionen wurde deutlich: Wenn der Weltzukunftsvertrag mehr wert sein soll als das Papier, auf dem er geschrieben ist, müssen sich ganze Gesellschaften seine Ziele zu eigen machen und gewaltige Verwandlungen durchlaufen. Es ist die entscheidende Frage unserer Zeit, woher sie die Kraft für diese tiefgreifenden Veränderungen nehmen sollen, allen erwartbaren Widerständen zum Trotz.

Apokalyptische Drohszenarien allein werden nicht ausreichen, die Dynamik für notwendige Veränderungen in Gang zu setzen. Es bedarf einer gemeinsamen Vision der Menschheit für ihre Zukunft auf dieser Erde, um dafür die nötige Energie freizusetzen. Die Berufung der Kirche in dieser Welt ist es, kraftvoll über deren Zukunft im Licht von Liebe, Hoffnung und Erlösung jenseits der Befriedigung materieller Bedürfnisse zu erzählen.

Die Reformation hat die Welt des Mittelalters grundlegend verändert. Sie hat nicht nur den christlichen Glauben erneuert, sondern auch Reiche zum Fallen gebracht und Wissenschaft und Wirtschaft modernisiert. In vielem hat sie dabei Verkrustetes aufgebrochen und Freiraum für Freiheit geschaffen. Intendiert war von alledem nur die Erneuerung des christlichen Glaubens.

Der Öffentlichkeitsanspruch des Evangeliums ist seitdem unverändert. Es ist das Spezifische evangelischen Glaubens, ihm vor allem anderen Geltung zu verschaffen. Vor 500 Jahren ist es gelungen, diesen Anspruch und die existenziellen Sorgen und Bedürfnisse der Menschen so konstruktiv miteinander zu verbinden, dass von erstarrter Religion zum lebendigen Glauben befreite Völker ihre Welt neu erfanden. Auch wir müssen diese Welt neu erfinden, damit sie Zukunft hat. Ohne das Evangelium wird das nicht gehen. Mit ihm aber ist Hoffnung.

Um Botin und Bevollmächtigte dieser Hoffnung zu werden, muss die Kirche zuerst sich selbst neu finden – im Geist der Ökumene. Wo uns das Schicksal der Glaubensgeschwister in Nord und Süd und Ost und West wirklich berührt, bleiben ihre Welt und unsere Welt nicht getrennte Wirklichkeiten, sondern entsteht die Eine Welt, zu deren Dienst wir durch die eine Taufe berufen und durch den einen Geist befähigt sind.

---

[1] http://weltkirche.katholisch.de/Themen/Weltkirche/Ein-Ort-geschwisterlicher-Liebe
 (zuletzt abgerufen: 15.8.2017)
[2] Vgl. Die Deutschen Bischöfe, Allen Völkern Sein Heil. Die Mission der Weltkirche, Bonn 2004

DIE THEMENWOCHEN | 12. Familie, Lebensformen, Gender

ALTAR
im »youngPOINTreformation«-Pavillon.

12

Familie, Lebensformen, *Gender*

ILSE JUNKERMANN
Landesbischöfin der Evangelischen Kirche in Mitteldeutschland (EKM)

»Und Gott schuf den Menschen zu seinem Bilde, zum Bilde Gottes schuf er ihn; und schuf sie als Mann und Frau.« (Gen 1,27) Mit diesem Bibelwort begann die Reformationsbotschafterin Margot Käßmann in der Lutherstadt Wittenberg ihre Rede beim Frauenmahl, und sie fuhr fort: »In der Schöpfungsgeschichte ist keine Hierarchie, keine Über- und Unterordnung, da ist Gottebenbildlichkeit und Würde jedes Menschen – ganz gleich, welches Geschlecht er oder sie hat, ganz gleich, wie er oder sie liebt.«

Der große Beifall für diese und alle Reden beim Frauenmahl in Wittenberg zeigt: Die Themen Familie, Lebensformen sind hochaktuell, zahlreiche Fragen werden im Jahr 2017 neu gestellt: Welche Rolle spielt Familie in Zeiten gesellschaftlichen Wandels? Wer und was hilft ihr? Welche Lebensformen und Praktiken erweisen sich als orientierend und lebensdienlich? Und schließlich: Welche Herausforderungen stellen sich gesellschaftlich wie kirchlich bei der Gleichberechtigung von Mann und Frau?

Gesellschaftlich ist offenkundig, dass die Familie weiterhin das Leitbild ist. Die deutliche Mehrheit der Menschen wünscht sich eine funktionierende Partnerschaft und ein harmonisches Familienleben.

DIE THEMENWOCHEN | 12. Familie, Lebensformen, Gender

FRAUENFESTMAHL
»Jede bringt etwas mit: Ein Törtchen, ein Wörtchen, ein Lied« auf dem Marktplatz mit Margot Käßmann (EKD-Botschafterin der Evangelischen Kirche für das Reformationsjubiläum), Ilse Junkermann (Landesbischöfin der Evangelischen Kirche in Mitteldeutschland), Sarah Wiener (Fernsehköchin und Autorin), Sybille Fritsch-Oppermann (Pastorin und Autorin).

Dies ist nicht jedem Menschen vergönnt, auch entscheiden sich nicht alle für das klassische Modell der Familie. Vielfältig sind die Lebensformen, in denen Familie und Beziehung gelebt werden. Es ist wichtig, sie mit ihrer hohen Attraktivität und jeweils in ihrem Kontext wahrzunehmen. Familien stiften Sinn, sie sind Ort des Vertrauens und der Fürsorge. Sie stärken den sozialen Zusammenhalt. In ihnen kommt zum Ausdruck, dass, theologisch gesprochen, Menschen aufeinander angewiesen sind.

Deutlich gestiegen ist allerdings das Bedürfnis nach Selbstbestimmung. Familie kann keinesfalls mehr, wie in der christlichen Tradition vielfach geschehen, als starre Hierarchie der Über- und Unterordnung verstanden werden. Vielmehr ist es eine neue Aufgabe, menschliche Verbundenheit, Selbstbestimmung und Partnerschaftlichkeit auf Augenhöhe in ein konstruktives Verhältnis der Gegenseitigkeit zu bringen.

Dem gestiegenen Bedürfnis nach Selbstbestimmung entspricht auch, dass sich die Rolle der Väter ändert. Die klassisch-bürgerliche Trennung von männlichem Lohnerwerb und weiblicher Haus- und Familienarbeit wandelt sich zunehmend. So können auch Männer ihre Gaben, ihr Bedürfnis nach Zärtlichkeit und Nähe in Familien einbringen und die Beziehungen stärken, ebenso wie Frauen ihre jeweiligen Fähigkeiten und Kompetenzen vermehrt im beruflichen und öffentlichen Raum einbringen können. Damit ist für Väter wie Mütter verbunden, öffentliche und private Sphäre, Beruf und Familie in ein lebensfreundliches Verhältnis zu bringen – ohne heftige Brüche in ihrer Berufsbiografie.

Deutschland ist nach Japan und Italien das drittälteste Land der Welt. Eine verantwortungsbewusste Politik muss es Menschen leichter machen, die Rahmenbedingungen für die Gründung einer Familie zu gewährleisten. Insbesondere für erwerbstätige Mütter, für die das Deutsche übrigens als einzige Sprache das Wort »Rabenmutter« bereithält, müssen vor dem Stress des permanenten Nicht-Genügen-Könnens in Familie und Beruf geschützt werden. Und auch Vätern darf ihr Bedürfnis nach Familien- und Sorgearbeit nicht länger als Karrierekiller drohen.

Gott gibt allen Menschen, unabhängig von ihrem Geschlecht, unterschiedliche Gaben. Wenn nun eine ganze Gruppe von Menschen, zum Beispiel Frauen, aufgrund ihres Geschlechts diskriminiert werden, dann werden sie daran gehindert, ihre von Gott gegebenen Gaben auszubilden und zu leben. Und dann gehen nicht nur sie, dann geht die Gemeinschaft aller ihrer Gaben verlustig.

> »Das Bedürfnis nach Familien- und Sorgezeit darf nicht länger als Karrierekiller wirken – weder bei Männern noch bei Frauen.«

Bei der Gleichstellung von Mann und Frau gibt es deutliche Fortschritte. Noch immer aber erfahren Frauen ohne Nennung klarer Gründe Herabsetzung und Ungleichbehandlung, etwa in Einstellungssituationen oder durch anhaltend ungleiche Löhne für gleiche Arbeit. Diese Ungleichbehandlung beginnt bereits im frühesten Kindesalter. Studien der Geschlechterforschung haben gezeigt, dass Kindern je nach Geschlecht unterschiedliche Eigenschaften zugeschrieben werden, zum Beispiel wenn sie schreien: Mädchen werden als »zickig« bezeichnet, Jungen dagegen als durchsetzungsstark. So schließt sich für Mädchen schon früh manche Tür der eigenen Entwicklung. Unsere Kultur muss sich ändern, damit Frauen mehr Selbstvertrauen entwickeln können, ihre Gaben und Fähigkeiten in Gesellschaft und Kirche einzubringen, gerade wenn sie nicht den traditionell geschlechtsspezifischen Erwartungen entsprechen.

Auch in der evangelischen Kirche gibt es nach wie vor eine »gläserne Decke« für und Diskriminierung von Frauen: Je größer die Leitungsverantwortung bzw. je technischer der Arbeitsbereich, umso weniger Frauen. Wenn dann noch einer der gefragten evangelischen Theologen der Gegenwart, Friedrich Wilhelm Graf, unwidersprochen schreiben kann, in der Kirche würde zu viel Sopran gesungen, dann fragen sich Frauen, für wie viele schweigend-zustimmende Männer der Kirche er spricht. Wenn er pauschal Theologinnen allein aufgrund ihres Geschlechts und nicht aufgrund ihrer fachlichen Qualifikation heftig kritisiert und kein Mann der Kirche widerspricht, dann fürchten nicht wenige Frauen, dass die überwunden geglaubte Haltung von Männern gegenüber Frauen lebendiger ist, als es »politisch korrekt« gezeigt wird.

In den Gemeinden und der Kirche gehen wesentliche Gaben verloren, wenn Frauen so herab- und zurückgesetzt werden. Die Abschaffung der Frauenordination in der lutherischen Kirche in Lettland ist ein Signal, ernst zu nehmen, wie schnell und nachhaltig eine Gleichstellung gekippt werden kann. Es braucht die strukturelle und institutionelle Unterstützung durch eine Quotenregelung für Leitungsämter, die auch ernst genommen wird – um der Gaben der Menschen willen, um der Kirche und ihres Auftrags willen. Frauen müssen im öffentlichen Raum gestärkt werden. Die Erfolge einer Quote in den verschiedenen gesellschaftlichen Bereichen haben gezeigt, dass so die bisherige Logik durchbrochen wird.

Insbesondere am Frauenfesttag mit Gottesdienst und Frauenmahl war deutlich zu spüren: Frauen können Verschiedene(s) zusammenbringen und aufeinander hören, sie können feiern und haben etwas zu sagen! In der Themenwoche gab es viele offene Debatten zu gesellschaftlich umstrittenen Themen. Das inzwischen bewährte Format des Frauenmahls steht für eine Diskurskultur, wie sie noch stärker in Kirche und Gesellschaft nötig ist. Nicht eine oder einer trägt allein vor und die anderen hören zu, vielmehr öffnen mehrere mit Impulsen den Diskurs aller – an schön und köstlich gedeckten Tischen. Unter www.frauenmahl.de können diese Impulse zur Zukunft von Religion und Kirche eingesehen werden. Ein Höhepunkt in Wittenberg war die Botschaft von siebzehn kirchenleitenden Frauen aus sieben Ländern und vier Kontinenten. Bestürzend war für mich bei unserem Austausch, wie trotz kultureller Unterschiede die Formen und Arten geschlechtsspezifischer Diskriminierung weltweit sehr ähnlich, wenn nicht gleich sind. Inspirierend und ermutigend war die große Zugewandt-

GRUPPENBILD
mit ca. 120 Pastorinnen aus der ganzen Welt auf dem Schlosskirchenplatz.

heit und Bestärkung. Und: Wie Frauen in Leitungsämtern vor dem Hintergrund manch erfahrener Demütigung eintreten für andere, die missbraucht oder diskriminiert werden. In unterschiedlichen Kontexten wirken patriarchale Strukturen, in denen männliche Verbundenheit stärker als die Solidarität mit Opfern ist.

Jeder Mensch ist von Gott einzigartig geschaffen, als Frau, als Mann, mit einer transsexuellen oder einer Quer-Identität – alle verdienen Respekt, ja, alle bereichern die Gemeinschaft. Deshalb wird es in Zukunft vermehrt darauf ankommen, die Einzigartigkeit jedes Menschen zu würdigen und zu schätzen und von Zuschreibungen aufgrund einer konstruierten Gruppenzugehörigkeit Abstand zu nehmen. —

DIE THEMENWOCHEN | 13. Bibel und Bild

WEIMARER
Kinderbibel, geschrieben und gestaltet von Kindern: Die Ausstellung zeigt ausgewählte Geschichten und Gestaltungen aus sechs Jahren Projektarbeit mit Schülerinnen und Schülern der Klassen 4 bis 7 im Bugenhagenhaus.

13

Bibel
und Bild

BISCHOF DR. MICHAEL BÜNKER
*Bischof der Evangelisch-Lutherischen
Kirche A. B. in Österreich*

Die Themenwoche hat mit dem Vorurteil, der Protestantismus wäre seit der Reformation bilderfeindlich, gründlich aufgeräumt. Schon die Erinnerungskultur, die auch das Reformationsjubiläum prägt, ist von Bildern bestimmt. Wer sich Wittenberg nähert und die Silhouette der Stadt mit den Türmen von Schloss- und Stadtkirche sieht, erkennt ein vertrautes Bild wieder. Tausende Selfies vor der bronzenen Thesentür, die Auslagen voll mit Luthersouvenirs und Lutherbildern, das 360°-Panorama des Yadegar Asisi – auch ohne eigene Thematisierung zeigt sich eine wahre Bilderflut.

Jede Besuchergruppe stand einmal vor dem Reformationsaltar in der Stadtkirche, der anhand seiner vier Bilder die Grundanliegen des reformatorischen Aufbruchs vor Augen führt. In der Themenwoche gab es zum Reformationsaltar eigene Veranstaltungen, darunter auch eine zu den Gesten und Gebärden der dargestellten Figuren. Das Vorurteil, die Reformation hätte eine »Kirche des Wortes« begründet, die bestenfalls noch durch Musik aufgelockert wird, sitzt tief. Bilder wie Symbole und Rituale galten lange als Stärken des Katholizismus, vom dem sich der Protestantismus abzugrenzen versuchte. Innerhalb des Protestantismus vertreten die verschiedenen Traditionen unterschiedliche Einstellungen zu den Bildern. Das zeigt sich deutlich am Umgang mit dem biblischen zweiten Gebot des Dekalogs, dem Bilderverbot, in der reformierten und der lutherischen Tradition. Hinzu kommt als aktuelle Herausforderung die Dominanz des Bildes in der modernen Mediengesellschaft, die nach einem kritischen Umgang mit Bildern verlangt. Ergibt sich aus der »Freiheit eines Christenmenschen« auch eine neue Weise des Sehens, vielleicht eine vom Glauben inspirierte »Schule des Sehens«?

All das sind Gründe genug, einmal das heutige Verhältnis der Reformation und der evangelischen Kirchen zu Bildern eigens zu thematisieren. Den Auftakt bildete der ökumenische Themengottesdienst in der Stadtkirche, in dem Walter Martin Rehahn Luthers Einstellung zu den Bildern darlegte. Dazu haben in der Themenwoche natürlich jene Veranstaltungen gepasst, die während des ganzen Reformationssommers durchgeführt wurden. Da haben mich die wunderbaren Kinderkirchenführungen begeistert, die Kinder aus dem Kirchenkreis Wittenberg in Schloss- und Stadtkirche regelmäßig angeboten haben. In diese Reihe gehört auch die Ausstellung »Apocalypse now«, die – ausgehend von Dürers Holzschnitten zur Apokalypse des Johannes – Apokalyptisches unserer Tage in künstlerischer Verdichtung zeigte.

»Die großartige Ausstellung ›unheiliger‹ Bilder machte deutlich, dass die Karikatur vor nichts und niemandem, auch nicht vor Himmel und Hölle, Respekt hat und aufgrund evangelischer Freiheit und protestantischer Selbstkritik und -ironie auch nicht haben soll.«

Einen ganz anderen Akzent setzte im Schloss die Ausstellung der Werke von Ernst Barlach und Käthe Kollwitz, die die Grenzen der Existenz ab- und teilweise auch überschritten. Der Höhepunkt in meinen Augen war die Ausstellung »Luther und die Avantgarde«, wo sich Künstler und Künstlerinnen in großer Freiheit ausgehend von dem Anliegen der Reformation in der ambivalenten Wirkung von Bildern und Installationen mit den Herausforderungen unserer Tage befassten. Wie ein roter Faden zog sich die Freiheit durch alle Zellen des alten Gefängnisses, das so selbst Teil der Botschaft wurde. Damit konnte an Luthers Verständnis der Bilder angeknüpft werden, das von großer Freiheit bestimmt war: »Mit den Bildern ist es auch so beschaffen, dass sie nicht notwendig, sondern frei sind, wir können sie haben oder nicht haben, obwohl es besser wäre, wir hätten sie gar nicht. Ich bin ihnen auch nicht hold.« Aber mit den Bilderstürmern hatte es Luther eben auch nicht. Thomas Hauser zeigte Bilder der Zelle und auf ihnen wieder abgehängte Bilder, die umgedreht am Boden lehnten. Was auf den abgehängten Bildern zu sehen ist, blieb unsichtbar und der Fantasie des Betrachters überlassen. Bild und Realität, Glaube und Wirklichkeit, Freiheit und Gebundenheit als anregendes und spannungsvolles Miteinander. Die Bilder lenkten so den Blick auf das, was man nicht sehen kann. Mich ließen sie unwillkürlich an die Definition des Glaubens im Hebräerbrief denken (Hebr 11,1).

Einzelne Aussteller der Weltausstellung haben das Thema der Woche ebenfalls aufgegriffen. Jeder Tag begann im »Himmelszelt« mit einem einstündigen Impuls für den Tag zu »Luther.Bibel.Bild«. In der »Prophezey« konnte man sich Seiten aus der Zürcher Bibel mit Bildern von Hans Holbein selbst drucken. Dabei wurde auch mit dem beliebten Klischee aufgeräumt, die reformierte Tradition wäre bilderfeindlich: In der Zürcher Bibel gibt es mehr als 200 Bilder – also weit mehr, als Cranach für Luthers Bibelübersetzung angefertigt hat. Dazu standen Live-Malaktionen zu Luthers 95 Thesen, Workshops zur eigenen Gestaltung sakraler Räume, Vorträge und Diskussionen zu Lutherfilmen und eine Reihe weiterer Ausstellungen und Mitmachaktionen auf dem Programm. Insgesamt eine Fülle, die hier nicht vollständig, sondern nur anhand von ausgewählten Beispielen beschrieben werden kann.

Besonders eindrücklich waren die Gespräche und Begegnungen mit Künstlern und Künstlerinnen. In der »Berufungsfabrik« war der Bildhauer und Kunstgießer Marco Flierl zu Gast und veranschaulichte die vielschichtige Arbeit des Bronzegusses, die dann an der neuen Türe zwischen der Schlosskirche und dem Besucherzentrum besichtigt werden konnte. »Verleih uns Frieden gnädiglich« steht dort über den vier apokalyptischen Reitern. Im »Christuszelt« erläuterte der Goldschmied Marc Hilgenfeld

KIRCHENFENSTER
Puzzlespiel im Himmelszelt im Torraum »Ökumene«.

den gestalterischen und kunsthistorischen Weg vom profanen Becher zum typisch evangelischen Abendmahlskelch. Beide Gespräche wurden moderiert von Klaus-Martin Bresgott, der in der Themenwoche darüber hinaus zweimal am Tag eine Stadtführung auf den Spuren biblischer Symbole unter dem Titel »Icons und Ikonen« durchführte. Ulrike Brinkmann führte ein Gespräch mit Kathrin Henschler und Tino Geiss zu »Offenbarung. Künstler und die Religion«, in dem die Bedingungen der säkularen Gesellschaft, die eigene, oft spannungsvolle Geschichte mit dem christlichen Glauben und generell das herausfordernde Verhältnis von Kunst und Religion zur Sprache kamen. Auch andere Formen der Darstellung wurden betrachtet, zum Beispiel das Theater. Jakob Hayner zeigte hier auf, dass es sich bei Bertold Brechts »Die Maßnahme« im Grunde um eine Passionsgeschichte handelt. Ein offenes Gespräch mit Gunnar Decker und Dietrich Sagert drehte sich um das Wechselspiel zwischen Säkularisierung und Theater. Den Abschluss bildete eine Lesung von Karl-Josef Kuschel mit Streifzügen durch die deutsche Literatur von Heinrich Heine bis Thomas Mann, in denen unterschiedliche Bilder Luthers dargestellt werden.

Aufgefallen ist mir die Dominanz des Apokalyptischen. Das ist mehr als eine Erinnerung an die Endzeitstimmung des 16. Jahrhunderts und auch mehr als die Attraktivität der Bilderwelt der Offenbarung des Johannes für die Kunst bis heute. Ich denke, das ist auch ein Zeichen der Zeit. Allgemein wird beklagt, dass das Bild der Zukunft verloren geht oder bereits verloren gegangen ist. Alle Hoffnung scheint sich darauf zu beschränken, den

»LUTHER
(Bild li.) und die Dichter: Streifzüge durch die deutsche Literatur von Heinrich Heine bis Thomas Mann« mit Karl-Josef Kuschel (Theologe und Autor, Eberhard-Karls-Universität Tübingen) im Lutherhaus.

»LUTHER
(Bild re.) Bibel. Bild: Trialog zwischen Texten Martin Luthers, Bibel und Bildern« mit Claas Cordemann im Himmelszelt.

Status quo möglichst gut zu erhalten. Davon ist die Gesellschaft, aber in gewisser Weise auch die Kirche geprägt. Den entstehenden Leerraum besetzen heute anscheinend Bilder einer Apokalypse. Das war für mich in der Themenwoche deutlich wahrzunehmen und hat mir zu denken gegeben: Wie öffnet mir der Glaube die Augen, dass ich sagen kann: Jetzt bin ich im Bilde?—

DIE THEMENWOCHEN | 14. Medien

SENDE MIR EINE NACHRICHT
SEND ME A MESSAGE
+49 170.301 62 75

INTERAKTIVE
Kommunikationsinstallation im »youngPOINTreformation«: Nach einer SMS an die Installation wird die Nachricht von einem Computer auf ein Papierband gedruckt.

14

Medien

BETTINA WULFF
PR-Beraterin

Die Weltausstellung Reformation in Wittenberg stellte ein Highlight der Feierlichkeiten in diesem Jubiläumsjahr dar. Mit über 2000 Veranstaltungen und 16 unterschiedlichen Themenwochen lockte die Stadt die Besucher. Und rund 100 Organisationen, Kirchen und Institutionen präsentierten sich mit eigenen Ständen und Aktivitäten.

Als Reformationsbotschafterin hatte mich Margot Käßmann nach Wittenberg eingeladen, um mir während der Themenwoche »Medien« einen persönlichen Eindruck von den zahlreichen Veranstaltungen an diesen Tagen verschaffen zu können. So fuhr ich recht gespannt in die Lutherstadt, denn ehrlich gesagt stellte sich mir der Bezug zum Reformationsjubiläum und anderen Themenwochen wie »Spiritualität«, »Bibel und Bild« oder »Bewahrung der Schöpfung« deutlicher dar als das doch irgendwie sehr »weltliche« Thema Medien. Umso überraschter war ich beim Durchlesen des Programms über das breit gefächerte Veranstaltungsangebot.

Beim Workshop »Der NSU und die Medien – Versäumnisse, Verleumdungen und Verzerrungen in der Berichterstattung« wurde die damalige Medienberichterstattung scharfer Kritik unterzogen. Die Blindheit gegenüber dem offensichtlich rechtsextremistischen Hintergrund der zehn Morde kulminierte in dem Begriff der Döner-Morde, der eine Verdichtung der stereotypen Berichterstattung darstellte. Der Spiegel etwa schob die Probleme bei Ermittlungen auf die düstere Parallelwelt, in der rechtsnationale Türken, der türkische Geheimdienst und Gangster den Ton angeben. Auch der Polizei sind die Zusammenhänge entgangen, aber das zieht die Medien nicht aus ihrer Verantwortung einer neutralen Berichterstattung.

Dass Verantwortung nicht nur bei offiziellen Medien liegt, sondern auch bei den sozialen Medien, präsentierten Volunteers der Weltausstellung im Friedenscafé. Dabei wurde betont, welche machtvollen Instrumente ungefilterte Nachrichten auf diesen Plattformen sein können, gerade wenn in manchen Ländern die Nachrichtensender zensiert werden. Wenn etwas nicht an die Öffentlichkeit dringen soll, es aber sehr wichtig ist, dass dies geschieht, kommen Whistleblower ins Spiel. Um dieses Thema drehte sich ein Workshop, der sich darüber hinaus mit der Frage beschäftigte, warum »guter« Journalismus unsere Demokratie fördern kann. Es handelt sich bei Whistleblowern nicht um Profis, sondern um einfache Menschen, die in ihrem Umfeld ungerechte Zustände entdecken und etwas dagegen unternehmen wollen. Bekannte Fälle sind das Ende der politischen und wirtschaftlichen Macht des ADAC, die veruntreuten Gelder bei UNICEF und der Wahlskandal in Stendal. Wenn das Interesse der Öffentlichkeit größere Relevanz hat als das Interesse des Geschäftsführers, sollte man ohne Angst die Informationen weitergeben können. Hier muss sich in der Politik etwas zum Schutz von Whistleblowern tun.

Ungerechten Umständen wendete sich auch der Workshop »Feminismus im Netz« zu, der die Schwierigkeiten und Möglichkeiten vieler Plattformen unter die Lupe nahm. Viel drehte sich auch um die digitale Diskriminierung und den Umgang mit Hasskommentaren. Das Podium mit Margot Käßmann, Angelika Hellemann und Ursula Ott wusste (leider) genau, wie sich das abspielt. Erst dieses Jahr erlebte Margot Käßmann wegen eines verfälschten Zitates über die AfD einen immensen Shitstorm inklusive Morddrohungen. Einige reagieren inzwischen auf Hasskommentare mit kreativen Mitteln wie einer Rechtschreibkorrektur oder Hate Poetry-Slams. Wichtig ist es bei strafrechtlich relevanten Hasskommentaren wie Morddrohungen, einen Anwalt einzuschalten. Das Podium war sich einig, dass man sich auf keinen Fall durch so etwas den Mund verbieten lassen sollte.

Ein weiteres Problem ist, dass ein Shitstorm manchmal gar nicht hätte zustande kommen müssen. Ganz oft sind es die Medien, die einen Skandal inszenieren. Beispiele gab es bei »Nichts ist gut in Afghanistan…« zu hören. Der Titel ist gleichzeitig ein bekanntes Beispiel von einem Satz, der aus seinem Kontext gerissen und somit inhaltlich verfälscht wurde. Immerhin löste dieser Satz von Margot Käßmann die Diskussion über den Einsatz der Bundeswehr in Afghanistan aus, sodass sie inzwischen zufrieden damit ist, wie es gelaufen ist. Dass auch die Bundeswehr es ihr nicht mehr nachträgt, zeigte sich daran, dass etwa zwanzig Soldaten an der Veranstaltung teilnahmen. Es gibt Informationen, auf die die Öffentlichkeit ein Recht hat, aber es gibt genauso Dinge, die nicht relevant sind und höchstens in ein Klatschmagazin gehören. Wenn Journalisten sich seriös nennen wollen, müssen sie sich an einen gewissen Ehrenkodex halten.

Passend zum Veranstaltungsort Wittenberg wurde natürlich auch untersucht, ob es sich bei Martin Luther vielleicht um den ersten Journalisten gehandelt hat. Durch seine Übersetzung brachte er Informationen, die nur einem exklusiven Kreis vorbehalten waren, an das Volk. Als Junker Jörg lief er sogar extra durch die Straßen der Stadt, um zu hören, wie die Menschen sich unterhielten. Genauso verlangte er für Predigten eine

VORTRAG
(Bild li.) von Anne-Marie Keding (Justizministerin von Sachsen-Anhalt) über »Anonymität im Internet: Social Bots, Fake News und Hassrede als Herausforderung für die Meinungsfreiheit«.

VORTRAG
(Bild re.) von Daniel Bellingradt (Buchwissenschaftler) zum Thema »Das Öffentlichwerden der Reformation – Verschriftlichung, Buchdruck und mündliche Rede.«

einfache Sprache, die jedem verständlich ist. Schon Jesus bediente sich schließlich einfacher Sprache und klarer Bilder für Bauern oder Fischer. Im Grunde genommen war also Martin Luther schon so etwas wie der erste Journalist.

Es wurden die unterschiedlichsten Facetten und Bereiche, die Medien umfassen und erzeugen, diskutiert. Hierbei war es sehr schön zu sehen, dass vor allem die Workshops und Vorträge über digitale Medien von vielen jungen Leuten besucht wurden. Und als studierte Medienwissenschaftlerin war es interessant zu beobachten, wie unterschiedlich die Teilnehmerinnen und Teilnehmer den Einfluss vor allem von digitalen Medien in ihrer eigenen Meinungsbildung bewerteten. Bei der Auseinandersetzung mit Themen wie dem Umgang mit Hasskommentaren in sozialen Netzwerken oder der Forderung nach einer digitalen Ethik war es auch für mich persönlich eine spannende Gelegenheit, zu reflektieren, wie stark digitale Medien in mein Leben Einzug gehalten haben und wie sie meine Bewertung von Informationen verändern.

Zwei kleine Wermutstropfen trübten meine beiden intensiven Weltausstellungstage in Wittenberg: Trotz der großartigen Organisation überschnitten sich leider manches Mal spannende Medienveranstaltungen, sodass man sich entscheiden musste. Und in einigen Pavillons waren leider hier und da leere Stühle zu sehen. Ich hätte mir sehr gewünscht, dass die Stadt während der Medienwoche noch voller gewesen wäre – angesichts der Fülle des Angebots.

»Eine Botschaft, die gehört, aber nicht verstanden werden kann, ist nichts wert. Luther nutzte dafür auch ein neues Medium: das gedruckte Buch. Heute würde er vermutlich auch twittern.«

Trotz der teilweise doch »harten Kost« wie dem Eröffnungs-Workshop über die Versäumnisse, Verleumdungen und Verzerrungen in der Berichterstattung über den NSU herrschte eine positive, aufgeschlossene Atmosphäre zwischen den Teilnehmerinnen und Teilnehmern. Ich habe viele Menschen gesehen, die miteinander ins Gespräch kamen und sich

PODIUMSDISKUSSION
in der Exerzierhalle zum Thema »Digitale Diskriminierung – Wie umgehen mit Hasskommentaren im Netz?« mit Margot Käßmann, Angelika Hellemann (Bild am Sonntag) und Ursula Ott (chrismon).

PODIUMSDISKUSSION
in der Exerzierhalle zum Thema »Nichts ist gut in Afghanistan – Wie Medien Skandale inszenieren« mit Margot Käßmann, Philip Gessler (taz), moderiert durch Reinhardt Mawick (Zeitzeichen).

bei einem Kaffee im Mediencafé weiter ausgetauscht haben. Diese Fülle von Denkanstößen und sich einfach bewusst die Zeit zu nehmen, sich mit einem Thema so vielfältig auseinanderzusetzen, war sicherlich eine große Bereicherung für alle Besucherinnen und Besucher. In mir wirkt die Themenwoche auf jeden Fall nach.——

✝ DIE THEMENWOCHEN | 15. Bewahrung der Schöpfung

PODIUMSDISKUSSION zum Thema »Atomkraft nein danke? – Europäische Atompolitik nach Fukushima« mit Margot Käßmann (EKD-Botschafterin für das Reformationsjubiläum) und Sven Giegold (Mitglied der Grünen im Europaparlament), Moderation: Gabriel Schimmeroth im Jubiläumszelt.

15

Bewahrung *der Schöpfung*

SVEN GIEGOLD
*Sprecher von Bündnis 90/Die Grünen
im Europaparlament*

Die Themenwoche zur Bewahrung der Schöpfung begann mit einem tragischen Unfall: Eine kolumbianische junge Freiwillige der Weltausstellung Reformation starb – erschlagen von einer Autotür. Dieses furchtbare Ereignis erinnerte mich zu Beginn der Themenwoche an den Zustand unserer Welt: Diejenigen, die reich genug sind, sich individualisierten Personenverkehr leisten zu können, leben einen Lebensstil auf Kosten zukünftiger Generationen und der Zerstörung der Natur, vor allem in den armen Staaten der Welt.

Der Zugriff des Menschen auf die begrenzten Ressourcen unseres Planeten hat unvorstellbare Ausmaße angenommen. Angesichts des Ausmaßes der Naturzerstörung von der »Bewahrung« der Schöpfung zu sprechen, ist antiquiert und realitätsvergessen. Vielmehr geht es heute darum, wie der weiteren Zerstörung Einhalt geboten werden kann. Zu diskutieren, welchen Beitrag der christliche Glaube und unsere Kirche leisten können, war eine Themenwoche auf der Weltausstellung wert.

Doch auch während dieser Woche musste man die Frage nach der großen Transformation erst suchen. Die Stadt Wittenberg war gefüllt mit

DIE THEMENWOCHEN | 15. Bewahrung der Schöpfung

VORTRAG
»Agenda 2030 für nachhaltige Entwicklung – Die Ziele der Vereinten Nationen«, gehalten von Arne Lietz (SPD-Abgeordneter im Europaparlament) im Eine-Welt-Zelt.

Besucherinnen und Besuchern, die für einen Tag kamen und die historischen Stätten der Lutherzeit besuchten. Die meisten suchten mehr Steine als Sinn. Am Rande der Innenstadt stand der Transformationspavillon – ein Zelt mit einer kleinen Ausstellung und Veranstaltungsprogramm. Einige Dutzend thematische Veranstaltungen fanden während der Woche zum Thema »Bewahrung der Schöpfung« statt. Friedrich Schorlemmer präsentierte die Thesen seines Buches »Unsere Erde ist zu retten«. In der katholischen Kirche ging es um Hildegard von Bingen und Franziskus' Laudato Si. Der 9. Elbe-Kirchentag diskutierte den Schutz des Flusses. Es war nicht leicht, in diesem Programm einen roten Faden zu erkennen. Weitere hochkarätige Referentinnen und Referenten aus Wissenschaft, Wirtschaft und Politik suchte man ebenso vergeblich wie Beitragende aus dem globalen Süden. Die großen ökologischen Fragen unserer Zeit, beispielsweise die ökologische Transformation unseres Wirtschafts- und Konsummodells oder Gerechtigkeit für die Verlierer der ökologischen Zerstörung und die enormen politischen Widerstände gegen einen gerechten Wandel, klangen bestenfalls an. Mir sind keine Besucher begegnet, die nur wegen der Themenwoche nach Wittenberg gekommen wären. Alles war professionell organisiert, lief geordnet ab. Genau das wirkte angesichts der Dramatik der ökologischen Krise irgendwie glatt. Es gab keine Basisgruppen, keine Schärfe in der Auseinandersetzung, keine Kritik an unserer Kirche.

In mehreren Tagen der Beobachtung habe ich keine Polemik oder gar einen Zwischenruf gehört. Welch ein Gegensatz zu Luther, dessen Beitrag zur Reformation zu gedenken wir doch gekommen waren!

Trotzdem konnte man das Verhältnis zwischen christlichem Glauben, Kirche und der ökologischen Krise reflektieren. Eine große Frage schien für mich in allen Veranstaltungen durch: Kann und soll unsere Kirche einen eigenen Zugang zur ökologischen Krise formulieren? Durch die Veranstaltungen zu Hildegard von Bingen, Schorlemmer wie auch zu Franziskus' Laudato Si und dem Elbe-Kirchentag zog sich ein gemeinsames Motiv: Die Schönheit der Natur sollen wir wahrnehmen, sie bewundern und darin Gottes Schöpfung erkennen. Aus der Ehrfurcht vor der Natur wächst auch die Motivation zu ihrem Schutz. Für den Papst und für Schorlemmer kommt die Verantwortung für die Schöpfung aus einer Haltung der Bewunderung. So schreibt Schorlemmer: »Das Leben zu loben, ist ein ganz alltäglicher Vorgang für jeden, der das Alltägliche nicht als das jeweilig Routinierte abzusehen versteht: In der Kathedrale schweigen und im Garten der Vögel lauschen. Die Kartoffel pellen. Die Zwiebel häuten«. Ganz ähnliche Aussagen zogen sich durch die vielen christlichen Veröffentlichungen im Rahmen des Konziliaren Prozesses »Frieden, Gerechtigkeit und Bewahrung der Schöpfung«. Vielleicht am besten verdichtet in dem Kirchentagslied »Selig ist, wer einfach lebt«. Wir alle sollten lernen, mit einem liebenden, bewundernden Auge die Welt zu sehen.

> »Aus der Ehrfurcht vor der Natur wächst auch die Motivation zu ihrem Schutz.«

Hinter all dem steht die Vorstellung, dass wir Christinnen und Christen in der Gesellschaft für eine gemeinsame Haltung zur Schöpfung und gegen ihre Zerstörung werben sollten. Letztlich würden wir die ökologische Transformation dann schaffen, wenn sich diese Haltung ausreichend verbreiten würde. Zugespitzt: Wenn alle Franz von Assisis Sonnengesang täglich tief genug im Herzen trügen, dann wird es was mit der großen Transformation. Nahegelegt wird ein kontemplativer, einfacher Lebensstil mit Gebet statt Konsum.

Dieser Vorstellung wohnt etwas Antipluralistisches inne. Dass alle Christinnen und Christen mit einer gemeinsamen Haltung gegenüber der Schöpfung und ihrer Rettung durch das Leben gehen, erscheint weder aus der Vielfalt von Lebensentwürfen in unserer Gesellschaft noch aus unserem Glauben heraus überzeugend. Die Motivation zum Handeln kann aus verschiedenen Haltungen wachsen. Nicht alle verbringen ihre Freizeit gerne bewundernd im Rosengarten. Niemand glaubt weniger, weil man mehr Freude an anderen Dingen hat. Viele engagieren sich in Unternehmen, die Wert legen auf nachhaltiges Wirtschaften, und haben Spaß, Dinge zu organisieren, sind bezaubert durch Innovationen. Viele verantwortliche Unternehmerinnen und Unternehmer machen sich dafür Stress und bringen ökologische Veränderungen in den Markt und damit voran. Ist das schlechter, nur weil die Haltung weniger schöpfungsbewundernd und der Lebensstil wenig kontemplativ ist? Andere bekommen bei einem Übermaß von Natur in ihrer Freizeit Langeweile und finden Kultur faszinierend. Kunst und Kultur können ebenso den Weg zum Verständnis der ökologischen Transformation ebnen wie die Faszination der aufgehenden Sonne. Das gilt erst recht für die Wissenschaft, bei der die Grundlagen für ökologische Veränderungen oft erst gelegt werden. Manche der wichtigsten Umweltforscher sehen das Tageslicht vermutlich zu selten. Sollten wir das verurteilen? Sicher saßen auch vor dem Castor manch politisch aktive Jugendliche, die mit der Schönheit des Wendlands weniger zu tun hatten als mit dem Spaß an der nächsten Anti-Castor-Party. Aber es waren diese jungen Aktiven, die die Energiewende mit durchgesetzt haben.

Kurzum: Viele Wege führen zur ökologischen Transformation. Der Gott der Bibel fordert von uns die Übernahme von Verantwortung für die Schöpfung. Er fordert aber keine Vereinheitlichung von Lebensstilen und Haltungen. Im Gegenteil, der Gott der Bibel ist ein Gott, der Freiheit schenkt. Daher sollten wir als Kirche nicht den Fehler machen, Haltungsnoten zu vergeben, sondern die Vielfalt verantwortlicher Lebensentwürfe wertschätzen. Eine Kirche, die so tut, als müsse man nach einem bestimmten Stil durch das Leben gehen, isoliert sich ohne Grund von Teilen der Gesellschaft. Mission kann besonders dann gelingen, wenn unsere Kirche tatsächlich offen ist für alle in der Gesellschaft. Die Kirche engagiert sich zu Recht praktisch und politisch für die Bewahrung der Schöpfung. Sie

VORTRAG
»Weisheitlich leben – Hildegard von Bingen. Impulse zur Schöpfungsspiritualität«; Texte, Bilder und Musik der Theologin Hildegard von Bingen (1098–1179) leiten zu einer Schöpfungsspiritualit an. Mit: Margit Eckholt und Farina Dierker (Theologie, Universität Osnabrück) mit Stefanie und Dominik Lübbers (Musik, Bistum Osnabrück).

sollte es angesichts der Dramatik der ökologischen Krise noch mehr tun. Den Gott der Freiheit anzunehmen bedeutet aber, Freiheit nicht ohne gute Gründe direkt oder indirekt beschränken zu wollen. Jede ökologisch begründete Forderung nach Einschränkung von Vielfalt in der Lebens- und Wirtschaftsweise muss durch objektive ökologische Grenzen des Planeten oder die Würde von Mitgeschöpfen gerechtfertigt werden. An willkürlichen Forderungen à la Veggie Day, »einfach leben« oder einer angeblichen ökologischen Ästhetik muss sich Kirche nicht beteiligen. Solche Forderungen schließen vielmehr den ökologischen Wandel unnötig von Teilen der Gesellschaft ab. —

DIE THEMENWOCHEN | 16. Die Botschaften von 2017

BESUCHER im Pavillon »youngPOINTreformation« bei der Übergabe der Botschaften von 2017 mit Staatssekretär Ralf Kleindiek und Superintendent der Lutherstadt Wittenberg Christian Beuchel.

16

Die Botschaften
von 2017

DR. IRMGARD SCHWAETZER
Präses der EKD-Synode

Die Abschlusswoche der Weltausstellung richtete den Blick auf die Botschaften des Jahres 2017. Bevor die Tore der Weltausstellung geschlossen wurden, wurde auf den Reformationssommer zurückgeschaut. Was gab und gibt es zu feiern? Vor welchen Herausforderungen stehen Gesellschaft und Kirche in der Gegenwart? Und schließlich im Hinblick auf diese Herausforderungen: Welche Botschaften können Christinnen und Christen Halt und Orientierung geben?

Für mich war es eine Freude, als Präses der EKD-Synode die Weltausstellung noch ein letztes Mal abzulaufen und auf die Botschaften zu hören. In den jeweiligen Torräumen besuchte ich gemeinsam mit den Gästen die zahlreichen Ausstellungsorte. Abwechselnd mit Reformationsbotschafterin Margot Käßmann erhielt ich von allen Ausstellern eine Botschaft, die diese unter den Eindrücken des Reformationssommers weitergeben wollen. Diese Botschaften werden auch an die EKD-Synode weitergeleitet. Als kirchliches Leitungsorgan wird sie während ihrer Tagung im November 2017 die Einsichten aus den vielfältigen Eindrücken, Begegnungen und Aktivitäten von 2017 diskutieren und schließlich Vorschläge

DIE THEMENWOCHEN | 16. Die Botschaften von 2017

IRMGARD SCHWAETZER, Moderator Lukas Meyer und Margot Käßmann beim Empfang der Botschaften von 2017 im Gnadauer Pavillon.

machen, wie die evangelische Kirche künftig besser in die Welt hineinsprechen kann.

Für Christinnen und Christen steht die Frohe Botschaft von Jesus Christus immer im Zentrum. Sie bildet die Mitte des christlichen Glaubens, sie bildete auch die Mitte des Reformationsjubiläums 2017. Die reformatorischen Grundbotschaften haben an Aktualität nichts verloren: Allein durch Christus sind wir frei für die Nähe zu Gott; allein durch die Schrift finden wir zur Botschaft Jesu Christi; allein durch die Gnade sind wir frei von lähmendem Leistungsdruck und allein durch den Glauben sind wir frei für den Dienst am Nächsten. Diese Botschaften konturieren das evangelische Verständnis der Freiheit, das einerseits bewahrt werden kann, das sich andererseits aber in der Gegenwart neu zu bewähren hat. Bei den Rundgängen wurde dies deutlich.

Der erste Gang führte in den Torraum »Kultur«. In eindrücklicher Erinnerung blieb mir die Ausstellung »Luther und die Avantgarde«, die in dem Alten Gefängnis der Lutherstadt Wittenberg gezeigt wurde. Dies passt zur Reformation: Das ehemalige Gefängnis ist der Freiheit gewichen, das gilt sowohl historisch als auch für diesen konkreten Ort. In dieser reformatorischen Freiheit konnte auch dieses Jubiläum gefeiert werden. Das Gefängnis konfessioneller und nationaler Grenzen, das vor hundert Jahren während des Ersten Weltkriegs noch allgegenwärtig war, besteht im Jahr 2017 – Gott sei Dank! – nicht mehr. Umso wichtiger war, dass dieses Jubiläum in einer so erfreulichen ökumenischen und kosmopolitischen Offenheit gefeiert wurde. Mich hat bewegt, wie unser Gast Prof. Dr. Thomas Sternberg als Präsident des Zentralkomitees der Katholiken seine Dankbarkeit zum Ausdruck brachte: »Es ist ein Wunder, dass das Reformationsjubiläum in dieser ökumenischen Offenheit gefeiert wurde.« Zugleich verdeutlichte er die damit verbundene Hoffnung, dass die Christenheit in Zeiten von Konflikten, Kriegen und Klimawandel zusammenhält. Nur mit diesem Zusammenhalt wird es möglich sein, einen hör- und spürbaren Beitrag für Frieden, Gerechtigkeit und Bewahrung der Schöpfung zu leisten.

Dabei geht es keinesfalls darum, anderen naiv und unkritisch zu begegnen. Wohl aber geht es darum, ein gegenseitiges Verständnis und einen respektvollen Umgang zu erlernen. Margot Käßmann berichtete als Reformationsbotschafterin von einem interreligiösen Gespräch zwischen Christen, Juden und Muslimen. Dies begann durchaus spannungsreich – es änderte sich allerdings grundlegend, als das Beten zum Thema wurde. Ungeahnte Gemeinsamkeiten traten zutage, der Respekt wuchs.

Anhand dieser Themen wurde deutlich, wie die Reformation als Weltbürgerin konstruktiv in der Gegenwart agieren kann. Doch ist sie als Weltbürgerin nicht abgehoben – in diesem Sommer feierte sie mit gutem Grund nicht in einer Großstadt, sondern in der Lutherstadt Wittenberg.

> *»Nicht nur die ökumenische Verständigung bleibt eine zentrale Aufgabe, auch das Gelingen des interreligiösen Dialogs wird uns in den nächsten Jahren zunehmend beschäftigen.«*

Diese avancierte zwar im Zuge der Reformation zur zeitweise beliebtesten Universitätsstadt Europas, war aber vor 500 Jahren – wie heute auch – eine Kleinstadt abseits des Weltgeschehens. Allerdings ist es gut evangelisch, gerade die noch so kleine lokale Ebene hoch zu schätzen. Als eine Botschaft von 2017 beschrieb der Wittenberger Oberbürgermeister Torsten Zugehör hier eine erfreuliche Entwicklung. Ihn hat positiv überrascht, dass alle

Wittenberger gerne an der Weltausstellung teilgenommen haben – manche von ihnen sogar mit Begeisterung.

Bemerkenswert fand ich auch, dass während eines Rundgangs ein sich offen zum Atheismus bekennender Gast den Wittenberger Superintendenten Christian Beuchel nach der Botschaft von 2017 für ihn fragte. Superintendent Beuchel betonte, dass die Reformation kein allein religiöses, sondern ein gesamtgesellschaftliches Ereignis war. Für die Gegenwart wünsche er sich einen vorurteilsfreien Einsatz für Frieden und Gerechtigkeit ebenso wie ein unbefangenes Gespräch über verschiedene Überzeugungen zwischen Gläubigen und Nichtgläubigen, so der Theologe. Diese kurze Begegnung zeigte, was über den Reformationssommer im Ganzen geschehen ist: Vorurteile zwischen Kirchennahen und Kirchenfernen haben sich verringert, die Aufmerksamkeit füreinander ist gewachsen. Dies ist mehr als eine bloß auf Wittenberg beschränkte Begebenheit. Vielmehr zeigt sich, wie über das reformatorische Zentrum hinaus eine offene Begegnung das gesellschaftliche Klima verbessern kann.

Der letzte Rundgang führte in den Torraum »Jugend« und zeigte so, dass dieses Jubiläumsjahr nicht in die Vergangenheit, sondern in die Zukunft weist. Deutschland ist zwar das drittälteste Land der Welt, was auch in den Kirchen zu beobachten ist. Umso wichtiger ist es also, Raum für Jugendliche und ihre innovativen Impulse zu schaffen. Die Weltausstellung war hier beispielhaft: 15 000 Konfirmanden und Jugendliche sind nach Wittenberg gekommen und haben Aufbruchsstimmung verbreitet. Ihr jugendlicher Charme war so ansteckend, dass selbst die vielfach befürchteten Lärmbeschwerden ausblieben. Zudem trafen sich zahlreiche, auch nichtchristliche Jugendgruppen und verbrachten im Klettergarten oder dem Refo.Beach miteinander Zeit. Kurz vor Abschluss der Weltausstellung lernte ich die junge Thai Ann kennen, die in Vietnam geboren ist und mittlerweile in Deutschland lebt. Sie engagiert sich in einer evangelischen Jugendgruppe und betonte: »Durch diese Gruppe bin ich gut in Deutschland angekommen. Ich habe ein offenes und herzliches Klima vorgefunden – das gleiche wünsche ich mir für Europa.« Es wird vor allem die junge Generation sein, die die Impulse dieses Jubiläums fortführen wird. Wenn ich an Thai Ann denke, ist mir um die Zukunft nicht bange. Im Gegenteil: Wir dürfen aus gutem Grund zuversichtlich sein.

AUFBRUCH-GOTTESDIENST:
Seid fröhlich in Hoffnung! Mit Rückenwind aus dem Reformationssommer auf dem Marktplatz.

Der Abschluss der Weltausstellung war nicht frei von Wehmut. Und doch: Dieser Abschluss ist ein Aufbruch. Die vielen Gäste und Gastgeber haben Mut aus dem Reformationssommer gezogen. Auch wenn die gegenwärtigen Herausforderungen zuweilen Angst machen können, so überwog in Wittenberg die Hoffnung. Dieses Gefühl bleibt bei den Gastgebern und begleitet die Gäste.

III.

Die Tore *stehen offen*

Die Torräume der Weltausstellung Reformation

Lukas Meyer / Gabriel Schimmeroth

DIE TORRÄUME

Die Torräume der
Weltausstellung Reformation

LUKAS MEYER / GABRIEL SCHIMMEROTH
Reformationsjubiläum 2017 e. V.

1. Welcome

Helmut schaut auf die Uhr. »Gleich sind wir da«, stellt er fest. Heute Morgen um fünf hat er aus seiner Heimatstadt Duisburg den ersten Zug genommen, um nach Wittenberg zu fahren. Er hat alles früh gebucht, »war eigentlich recht günstig«, murmelt Helmut in bodenständigem Ruhrdeutsch. Zuerst wollte er mit Marion, seiner Frau, kommen. Aber jemand muss sich ja um den Hund kümmern.

In Wittenberg war er zuletzt 1992. Kurz nach der Wende war noch alles recht grau damals. »Eigentlich wie in Duisburg«, sagt er und lacht laut auf. Der Zug fährt ein. Es ist ein heißer, schwüler Tag. Helmut holt Luft, setzt seinen Rucksack auf und steigt aus. Er klappt den dunklen Vorhänger seiner Brille herunter, damit die Sonne ihn nicht blendet. Dann geht er zielstrebig zum Bibelturm, den er bei der Einfahrt bereits gesehen hat.

»Im Anfang war das Wort«, ruft Helmut und hebt dabei den rechten Zeigefinger in die Luft. »Johannesevangelium! Hab doch im Konfirmandenunterricht aufgepasst«, erklärt er nicht ohne Stolz. Dann blickt er aufmerksam auf den Turm. 27 Meter hoch ist diese Ausgabe der neuen Lutherbibel, die alle ankommenden Besucher begrüßt. Auf der Vorderseite des Bibelturms ist die Hauptedition der neuen Lutherübersetzung abgebildet, hinten sind die insgesamt 1400 Bibelseiten der neuen Ausgabe zu sehen. Die Wiederentdeckung des Wortes markierte den Beginn der Reformation – daran erinnert der Turm.

Helmut fragt Tina, eine Freiwillige der Weltausstellung, ob das eine Bibelausstellung sei. Tina antwortet: »Ja, in gewisser Weise schon. Wenn Sie auf den Turm gehen, erfahren Sie mehr.« Helmut zieht aus seiner Reisemappe die Tageskarte, zeigt sie vor und nimmt entschlossen die erste der 162 Stufen. Mit 67 Jahren ist er noch recht gut unterwegs. Sein eckiger Gang zeigt zwar Spuren des Alters, aber Helmut kompensiert das mit unübersehbarer Willensstärke.

WELCOME
Die größte Bibel der Welt lädt ein zum Aufstieg und zum Blick über die Stadt. Der 27 Meter hohe Aussichtsturm in Gestalt der neuen Lutherbibel 2017 ist das Herz des Torraums »Welcome«.

Beim Aufstieg sind Zitate von Bibellesern und dazu passende Stellen der revidierten Fassung zu sehen. Luther selbst hätte das gefallen. Zweimal jährlich las er die gesamte Bibel. Am wichtigsten war ihm allerdings, dass Gläubige die Bibel selbst lesen und verstehen können. Im Jahr 1522 auf der Wartburg übersetzte er in nur zehn Wochen das komplette Neue Testament, damit den Christenmenschen der Zugang zum Wort freistand. Luther gewann an der Bibel nicht nur wichtige theologische Erkenntnisse, sondern auch seine Ausdruckskraft. Zugleich bereicherte er die deutsche Sprache durch neue Formulierungen, indem er sie für die biblischen Sprachen Hebräisch und Griechisch öffnete. Beim Lesen der Bibel machte Luther drei Dimensionen aus, die ihm stets aufs Neue widerfuhren: Zum einen war die Bibellektüre für ihn Gebet (oratio) und Nachdenken (meditatio), zum anderen Anfechtung (tentatio). Diese drei Dimensionen kamen zusammen, als Luther im Nachsinnen auf Römer 1,17 die Rechtfertigungsbotschaft wiederentdeckte. Die spürbare Schuld war gelindert durch die in der Rechtfertigung erfahrene Gnade. Diese Wiederentdeckung war für Luther befreiende Gewissheit.

DIE TORRÄUME

Heutigen Bibellesern geht es teilweise ähnlich. Helmut liest auch dann und wann in der Bibel. »Ich komme aber zu selten dazu. Marion liest morgens oft die Losungen vor. Manchmal muss ich dann den ganzen Tag dran denken. Manchmal vergesse ich das aber auch recht schnell«, erzählt er. Im Bibelturm berichten andere Leser auf angebrachten Schildern von ihren Eindrücken der Bibellektüre. Christian, von dem wir nur seinen Namen und sein Alter von 45 Jahren wissen, erklärt auf einem Schild: »Meine Bibel ist meine Einschlafhilfe.« Helmut blickt etwas skeptisch auf diesen Satz. Ein Besucher der Weltausstellung hat in krakliger Schrift zum Statement von Christian geschrieben: »Mein Wachmacher.« Ein Blick auf Psalm 3, Vers 6, gibt schließlich Christian und dem Krakler recht. Hier heißt es: »Ich liege und schlafe und erwache; denn der Herr hält mich.« Helmut steht länger vor Psalm 3 und schweigt. Dann geht er weiter hinauf.

BLICK
von der Lutherbibel auf die Begrüßungsfeierlichkeiten des Reformationstrucks.

Studierende der Bauhausuniversität Weimar haben gemeinsam mit der Deutschen Bibelgesellschaft den Bibelturm mit dem Namen »Perspektivwechsel« entworfen und umgesetzt. Eine neue Perspektive vermisst Helmut aber bislang. Oben angekommen, ist er etwas enttäuscht. »Ich dachte, da erfährt man was über Luthers Zeit auf der Wartburg. Der Blick, schön und gut. Aber was soll das nun?« Er wischt sich eine Schweißperle von der Stirn und bleibt eine Weile oben auf der Plattform stehen. Der Wind ist angenehm kühl. Helmut verschnauft und nimmt einen Schluck Wasser. Dann macht er sich an den Abstieg.

Unten blickt er noch mal hinauf. Er sieht aus der Ferne, wie die Menschen auf der Bibel stehen. Er hält inne: »Ach, jetzt kapier ich das! Ja, klar: Die Menschen werden durch das Wort Gottes getragen!« Und nach einer Pause zufrieden: »So ist das. Gut.« Noch einmal trifft er kurz auf Tina, die unten die Fragen anderer Besucher beantwortet. Helmut ruft im Vorbeigehen: »Danke! Schönen Tag noch!« Er muss weiter, ins Lutherhaus.

Tina wird noch den ganzen Tag Besucher begrüßen. Sie steht am Truck, der den Europäischen Stationenweg abfuhr und nun neben dem Bibelturm steht. Die ankommenden Besucher sind zum Teil recht aufgeregt und halten ihre Fragen für ziemlich dringend. Tina macht das nicht nervös. Sie antwortet freundlich, bedacht und in Ruhe auf die Anliegen. Vor 19 Jahren ist sie in der Lutherstadt Wittenberg geboren. Die Stadt bot damals keinen Anlass zu Illusionen; die Welt wurde nicht hinterfragt, sie wurde hingenommen. Auch auf das Jahr 2017 blickte Tina zunächst nüchtern. Mittlerweile habe sich das aber geändert. Tina freut sich, dass so viele Menschen in ihre Stadt kommen. Zuvor war die Innenstadt schon um 19 Uhr ausgestorben. Als Jugendliche hat sie sich oft gelangweilt. Die vielen Konzerte, Aufführungen und Diskussionen beleben die Stadt nun und geben ihr ein anderes Gesicht. Auch die vielen Wittenberger, die keinen Bezug zu einer Kirche haben, gehen gerne zu den Konzerten.

Nach der Schule war für Tina klar, dass sie gerne einen Freiwilligendienst beim Reformationsjubiläum machen möchte. Dass sie aus einer konfessionslosen Familie kommt und nicht getauft ist, spielte keine Rolle.

> *»Viele Wittenberger haben das Reformationsjubiläum zu Beginn nicht als Chance, sondern als Gefahr für den Parkplatz gesehen.«*

Zu Beginn des Freiwilligendienstes gab es einen Eröffnungsgottesdienst, der für Tina zugleich der erste in ihrem Leben war. Für Tina war das nicht komisch: »In der Gruppe mit den anderen Freiwilligen bin ich gerne hingegangen.« Beim Vaterunser hörte sie zu, sie kennt es ja nicht auswendig. Bei den Liedern sang sie mit. Musik ist zugänglicher.

Tina fand es interessant, mit Freiwilligen zu diskutieren, für die der christliche Glaube eine wichtige Rolle spielt. Ein Kircheneintritt und die damit verbundene Taufe stehen für Tina derzeit aber nicht zur Debatte. Auch in der Bibel hat sie bislang noch nicht gelesen. Der große Bibelturm, neben dem sie steht, ist die Bibel, die sie am besten kennt. Dennoch hat sich für Tina im Freiwilligendienst manches geändert. So kann sie sich vorstellen, auch danach mal wieder mit einer Gruppe in einen Gottesdienst zu gehen. Und ihr ist wichtig, als Wittenbergerin über Luther und die Reformation Bescheid zu wissen. »Das gehört dazu«, sagt sie. Einerseits, weil sie so ihre Heimatstadt besser kennt. Andererseits, weil sie verstehen möchte, warum die Gäste nach Wittenberg kommen. Tina heißt sie willkommen.

2. Spiritualität

Es ist ruhig. Luisa steht auf dem Bunkerberg. Die Besucher sind woanders, und Luisa ist froh darüber. »Die Suche nach mir selbst«, liest die Theologiestudentin den Namen der Installation vor. Sie legt ihre Stirn in Falten und ihre rechte Hand vor den Mund. Der Name gefällt ihr nicht.

Als vor kurzem examinierte Theologin kennt sie die Frage nach der Selbstsuche zwar gut, sie geht ihr aber auf die Nerven. Luisa gehört zur Generation Y, für die charakteristisch ist, dass sie vieles hinterfragt und eines sucht: Authentizität. Nicht selten ist der Weg der Selbstsuche aber von zahlreichen Fehlversuchen geprägt. Eine erfolgreiche Selbstfindung ist den am heftigsten Suchenden am seltensten beschieden. Ist vielleicht schon die Suche das Problem? Führt das rastlose Gesuche nicht gerade dazu, dass man zu einer selbstbezogenen und unerträglichen Person wird?

Sie schaut wieder auf den Berg. Im Zweiten Weltkrieg waren hier Bunker befestigt. Von der düsteren Vergangenheit ist heute nur der Name geblieben. Der Berg strahlt grün bewachsen im bunten Treiben der Weltausstellung Ruhe aus. Stelen sind auf ihm angebracht, die auf Stützen befestigt über die Bergfläche hinausgehen. Besucher können die spiegelnden Brüstungen betreten, sodass sie einerseits sich selbst, andererseits die Natur außerhalb von Wittenberg sehen können. Dass sich hier Himmel und Erde berühren würden, wie es auf der Infotafel heißt, findet Luisa zwar etwas übertrieben. Die Installation gefällt ihr dennoch.

Luisa öffnet die orangene Broschüre, die sie beim Betreten der Weltausstellung bekommen hat. Es ist eine Art Reiseführer für Spiritualität, und sie trägt den Titel »Spiritual Journey«. Die Reisenden können ausgewählte Stationen entlanglaufen, dort über passende Fragen nachdenken und kleine Impulse lesen. Luisa kennt einerseits bereichernde spirituelle

Erfahrungen, andererseits auch das Abdriften von Spiritualität in Esoterik. Da wird es wie bei der Selbstsuche vor allem für die Mitmenschen anstrengend. Trotz oder vielmehr wegen ihrer Bedenken hat sie sich entschieden, die Tour der Spiritualität zu gehen.

Luisa war als Jugendliche oft in Taizé. Für sie ist das der spirituelle Ort, der sie am meisten beeindruckt hat. Sie erinnert sich gerne an das Warme der Kapelle, in der ein Ikonenbild Jesu, Kerzen und die nach oben gehenden orangefarbenen Tücher eine besondere Atmosphäre schaffen. Die Gesänge versetzen sie in ihrer Einfachheit und Wiederholung in eine meditative Grundstimmung. Und schließlich war das Schweigen bei jeder Andacht etwas Besonderes. Das Schweigen war vielleicht sogar das Wichtigste. Luisa fiel aber auch auf, dass sie diese besonders spirituelle Stimmung stets nur vor Ort verspürt hat. In ihrem Alltag fand Taizé keinen Platz. Taizé-Andachten an anderen Orten fühlten sich meist hölzern und hüftsteif an. Lag das an ihnen oder an ihr?

DIE SUCHE
nach mir selbst, eine Installation der Hochschule Düsseldorf.

Spiritualität ist für Luisa ein problematischer Begriff. Ihre Tante betont immer: »Ich bin spirituell, aber nicht religiös!« Luisa denkt dann, dass sie dagegen religiös, aber nicht spirituell sei. Die Bastelspiritualität ihrer Tante nervt sie. Bei jedem Treffen erzählt diese mit schriller Stimme und schnellen Worten von Lichtertheorien oder dem Universum, das man in die Seele lassen müsse. Oder sie meint, Luisa schamanische Massagen anbieten zu müssen. Dann legt die Tante ihre Hände auf Luisas Arme, weil die Energiefelder dort vermeintlich negativ aufgeladen seien. Dass die schlechten Energien aus wirren Theorien kommen könnten, kommt der Tante nicht in den Sinn. Beim Massieren rülpst sie, um schlechte Energie aus den Armen zu ziehen. Diese Technik habe sie einmal von einer mexikanischen Schamanin in einem kostspieligen Kurs gelernt. Es mag gut gemeint sein, dass Luisas Tante ihr Rülpsmassagen anbietet. Luisa hat aber nie danach gefragt.

DIE TORRÄUME

Im Nachsinnen auf diese Erfahrung ärgert sie sich über die Übergriffigkeit ihrer Tante. Luisa fragt sich, was ihre Tante wohl beim Vaterunser beten würde. Zu Beginn heißt es ja »Dein Wille geschehe«. Die esoterischen Praktiken erwecken aber eher den Eindruck, dass die passendere Formulierung lauten müsste: »Mein Wille geschehe.« Luisa blättert in der Broschüre und findet den passenden Ausdruck für ihre Frage: Führt Spiritualität zur Selbstverherrlichung oder zur »Selbst-Verehrlichung«? Sie macht sich auf den Weg und beschließt, tiefer zu atmen und ruhiger zu denken. Sie will nicht nach Problemen suchen. Sie will die Stationen des kleinen Wittenberger Pilgerweges ablaufen und sich den Fragen stellen. Es sind schwierige Fragen dabei, die sich nur durch geduldiges Grübeln beantworten lassen:

»Wovor möchtest du beschützt sein? Wodurch ist dein Handeln bestimmt? Worin würdest du dich gerne von Gott unterbrechen lassen? Welche Worte der Bibel würdest du in dein Herz schreiben wollen?«

Und schließlich: In welchen Bereichen deines Lebens sehnst du dich nach einer neuen Quelle?

Luisa denkt. Sie geht. Ihre anfängliche Skepsis gegen Selbstsuche und Spiritualität hat sich ein wenig gelegt. Zum Teil macht sie sich Notizen, zum Teil lässt sie ihre Gedanken laufen. Mit der Zeit wird sie ruhiger. Vor allem bemerkt sie, dass die bewusste Unterbrechung von Unternehmungen zur Ruhe beiträgt. Es gelingt ihr anders als an anderen Tagen, nicht laufend zu überlegen, was sie als Nächstes machen müsste. Die Konzerte, Diskussionen und Vorträge der Ausstellung waren interessant, haben aber auch zu Stress geführt. Sie wollte nichts verpassen, verpasste es dann aber, die aktuellen Veranstaltungen zu genießen. Beschleunigung ist ein Problem, davon sprechen viele, denkt sie. Ist Spiritualität die Lösung?

Eine der Stationen heißt »Mit Luther beim Friseur«. Sie spielt auf Meister Peter an, den Friseur Luthers, der den Reformator einmal fragte: »Wie geht das mit dem Beten? Kann ich es lernen, wie ich das Rasieren und Haareschneiden gelernt habe?« Luther soll ihm darauf geantwortet haben:

»Des Christen Handwerk ist doch beten. Und ja, man kann es lernen.« Dies wird nun bei der »Spiritual Journey« aktualisiert. Reisende sollen einen ungestörten Ort aufsuchen und beten. Luisa beschließt, für diese Station an die Elbe zu gehen. Sie überquert die laute Bundesstraße, der Krach der Autos und der vorbeifahrenden Züge stört sie dabei weniger als sonst. Der Lärm wird leiser. Nach ein paar hundert Metern ist die Straße nicht mehr zu hören. Der Blick auf die Elbe öffnet sich, ruhig fließt das Wasser den Fluss entlang. Luisa verbringt mehrere Stunden am Wasser. Sie betet, verweilt und denkt nach. Am Ende des Tages fällt ihr ein Satz ein, den sie einmal gehört hat: »Wir haben zwei Ohren, zwei Augen und einen Mund. In dieser Reihenfolge sollten wir unsere Organe benutzen.«

Es ist Abend geworden. Über den Tag ist ihre Resonanz gestiegen. Sie nimmt ihre Umwelt achtsamer wahr. Ob sie die heutige Stimmung in ihren Alltag übertragen wird, weiß sie nicht. Aber gelassen ist man ja nicht einfach, man wird es. Und sie weiß nun, dass man Praktiken der Gelassenheit lernen kann.

DIE SUCHE
nach mir selbst: Die Installation besteht aus einem neu angelegten Wegenetz.

Luisa ist mit Freunden zu einer Andacht in der LichtKirche in Wittenberg verabredet. Bevor sie sich auf den Weg zurück macht, zieht sie ihr Notizbuch hervor und schreibt: »Ohne persönlichen Kern gäbe es keine Authentizität, so denken viele. Auf der rastlosen Suche nach dem eigenen authentischen Kern entblättern sie ihr Selbst. Sie entblättern den Wurzelstock so lange, bis sie nichts mehr in der Hand haben. Die Blätter selbst sind der Kern.« Sie schließt das Buch und kehrt zurück.

3. Jugend

»Ich hab Scheiße gebaut«, ruft Sivaz. »Aber ich hab draus gelernt. Ohne Scheiß!« Er steht im »youngPOINTreformation« in Wittenberg und erzählt. Am 2. Juni 2011 um acht Uhr abends war Sivaz bei Rot über eine Ampel gefahren. Ein Polizist hielt das Auto an. Dass Sivaz Drogen dabei und eingenommen hatte, außerdem einer seiner Mitfahrer polizeilich gesucht wurde, sorgte für Probleme. Er war 21 Jahre alt und hatte Scheiße gebaut.

Es folgte ein komplizierter Prozess. Sivaz hatte Glück, dass er einen guten Anwalt hatte. Letzten Endes kam er neben den hohen Strafkosten mit mehreren Sozialstunden davon und musste den »Idiotentest« machen. Unterm Strich hat er großes Glück gehabt, sagt er und rückt den Schirm seiner Mütze vor und zurück. »Gandhi hat mich dann rausgeholt«, sagt Sivaz. Damit meint er nicht den indischen Pazifisten, sondern seinen Sozialarbeiter. Nach langer Zeit war dieser der Erste, der ihm Vertrauen schenkte. Bereits in den Sozialstunden im Hagener Kulturzentrum Kultopia bemerkte Sivaz, dass er seine Leidenschaft zu einem neuen Beruf machen könnte.

»Ich kann nichts so gut wie Rappen«, sagt er. Er fing damals an, mit seinen Geschichten kreativ umzugehen, schrieb die ersten Texte und baute in Workshops seine eigenen Beats. Noten lesen konnte er zwar nicht, überhaupt war er kompletter Autodidakt. Aber Gandhis Vertrauen motivierte ihn. Und durch die Motivation erarbeitete er sich Fähigkeiten. Sivaz wurde als Rapper besser und als Typ selbstbewusster. Irgendwann schlug Gandhi ihm vor, dass er selbst einen Workshop anbieten könnte. Sivaz war überrascht, dass er so ein Angebot bekam. Heute verdient er damit sein Geld.

Er arbeitet mit Jugendlichen an ihren Geschichten, gemeinsam komponieren sie. Er geht in Schulen, alle möglichen, und bietet Workshops an. »Als Schüler war ich nicht so oft in der Schule wie jetzt als Trainer«, grinst er. Wenn es geht, arbeitet er aber lieber mit den Jugendlichen in richtigen Konzerthallen oder Tonstudios. Für ihn ist die Schule zwar kein stressiger Ort mehr, für die Jugendlichen aber schon, und Sivaz kann das vor dem Hintergrund seiner Schulzeit gut nachvollziehen: »Wenn meine Teilnehmer woanders einen Workshop machen, blühen die oft so richtig auf. Dann sind die viel freier.«

Der Job macht ihm Spaß. Am liebsten arbeitet er zu den Themen Multikulturalität und Toleranz: »Dass mir das wichtig ist, kannst du ja an meinem Migrationsvordergrund deutlich sehen. Also ich meine mein ganzes Gesicht, nicht nur meine Nase.« Er spielt auf die Herkunft seiner Eltern an, die aus dem anatolischen Sivas nach Deutschland emigrierten. Nach ihrer Heimatstadt hat sich Sivaz während Gandhis Sozialstunden seinen Künstlernamen gegeben. Selbst ist er zwar in Hagen geboren, für ihn ist das auch die Heimatstadt. Aber erst mit dem Namen, der an die Herkunft seiner Eltern erinnert, ist er dort richtig angekommen.

Diese Woche ist Sivaz also für einen Workshop nach Wittenberg gekommen. Der Verein Hagener Friedenszeichen e. V. gestaltet ein Programm, das vor allem im Torraum »Jugend« der Weltausstellung stattfindet. Die Eltern der Teilnehmer verdienen unterschiedlich viel Geld und sind unterschiedlich gebildet. Trotzdem bilden die jungen Menschen eine Gruppe. Sie unternehmen gemeinsam Reisen, sind kreativ und aufgeschlossen. Was ganz wichtig dabei ist, ist die »Wertschätzung gegenüber

> »Jugendliche von unterschiedlicher sozialer und kultureller Herkunft kommen zusammen.«

sich selbst«, betont Sivaz. Persönlich hat er das erlebt, als er beim Verein angefangen hat. Und er sieht immer wieder gerne, wenn andere Jugendliche im Verein beginnen und an Selbstbewusstsein gewinnen.

Hannes hört Sivaz aufmerksam zu. Er ist Pfadfinder und hat seinen Weg mit weit weniger Aufwand gefunden. Die Geschichte findet er aber spannend. Über die Woche in Wittenberg haben sich die beiden Jungs angefreundet. Gemeinsam mit anderen Jugendlichen vom Friedenskreis und den Pfadfindern haben sie unter anderem den Kletterparcour im Hochseilgarten absolviert. Ein bisschen Angst hatte Sivaz schon, »ich hab mir aber nichts anmerken lassen!«, schiebt er schnell nach. Hannes grinst. Er lässt sich nichts anmerken.

Wittenberg und die Ausstellung findet Sivaz geil. Die Stimmung ist gut, und die vielen Pfadfinder wie Hannes, die gerade hier sind, sind »supernett«. »Die stehen dazu, dass die Christen sind. Das ist gut so«, meint er. Er selbst ist Muslim und versucht, jeden Freitag in die Moschee zu gehen, was aber nicht immer klappt. Er findet es besser, wenn man seine Religion richtig versteht. Im Islam ist es genauso. Wenn man ihn richtig versteht, macht man auch keinen Scheiß. Es geht ja in erster Linie darum, Gott zu lieben und barmherzig zu sein. Manche haben nur keine Ahnung, das ist das Problem. Er ist auf jeden Fall überzeugt, dass es besser wäre, wenn alle ihre Religion verstünden. Dann gibt es auch zwischen den Religionen keine Probleme.

Hannes sieht das ähnlich. Über ihm hängen am Eingang zum Jugendtreffpunkt eine Europa- und eine Pfadfinderflagge: »Das sind eigentlich die einzigen Flaggen, die ich wirklich gerne sehe.« Die Pfadfinderbewegung hat als Symbol die häufig auf Kompassen abgebildete Lilie gewählt. Diese steht für Orientierung auf dem Pfad des Lebens. Christliche Pfadfinder ergänzen oft ein dreiblättriges Kleeblatt, in das die Lilie eingefasst ist. Das Kleeblatt steht für die drei Versprechen, die Pfadfinder geben: Bei ihrer Ehre versprechen sie, ihr Bestes gegenüber Gott, gegenüber Dritten und gegenüber sich selbst zu geben.

Hannes gibt wie Sivaz sein Bestes. Zwar wird bei Jugendlichen oft die Orientierungssuche thematisiert. Wenn die beiden aber erzählen und diskutieren, wirken sie bereits klar orientiert und in einer Weise verantwortungsbewusst, von der auch Ältere etwas lernen könnten. Gemeinsam haben sich die Freunde auch die Ausstellung »Gutes Leben für alle« angeschaut. Die Ausstellung wurde ebenso wie der Hochseilgarten von der Arbeitsgemeinschaft der Evangelischen Jugend geplant. Dabei wurden Fragen gestellt, die Hannes und Sivaz beschäftigen: Wie bewahren wir das Klima? Wie gelingt ein solidarisches Europa? Welche Rolle spielt der Glaube dabei?

PLAKATWAND
im »youngPOINTreformation«.

Was den Glauben betrifft, hat Sivaz die Antwort schon gegeben. In Bezug auf die anderen Fragen sagt Hannes: »Die Ideen der Europäischen Union sind doch Freiheit und Menschenrechte. Grenzen wurden und werden überwunden, wir haben eine große Vielfalt hier. Aber wir müssen zueinanderfinden.« Es brauche mehr Begegnungen wie diese hier am Hochseilgarten, findet Hannes. Nur so kann eine Verbindung zwischen Menschen mit unterschiedlichen Geschichten entstehen. »Nur über eine persönliche Verbindung können wir gemeinsam an den Problemen arbeiten«, schiebt er nach.

Unzählige Krisen stellen Europa vor die Zerreißprobe. Hannes denkt an den Brexit, die weiterhin ungeklärte Migrationspolitik oder den Klimawandel in Zeiten von Trump. An all diesen Problemen wird aber deutlich, dass Europa zusammenarbeiten muss, findet Hannes: »Eine andere Lösung wird es nicht geben.« Sivaz schaltet sich noch einmal ein: »Europa ist wie ich. Hat Scheiße gebaut, muss aber draus lernen.« Hannes lacht und antwortet: »Dann gib Europa doch mal einen Workshop. Ich organisier dir ein Tonstudio.«

4. Gerechtigkeit, Frieden und Bewahrung der Schöpfung

Durch die Schöpfung geht ein tiefer Riss. Vor allem aufgrund der Kriege im Nahen und Mittleren Osten und in Nordafrika sind weltweit 65 Millionen Menschen auf der Flucht – mehr als je zuvor in der Geschichte. Mindestens 30 000 Flüchtlinge sind allein seit dem Jahr 2000 beim Versuch der Mittelmeerüberquerung ums Leben gekommen. Die globale Un-ungerechtigkeit ist in den letzten Jahrzehnten nur bedingt zurückgegangen. Und auch wenn im vergangenen Jahr auf dem Klimagipfel in Paris erstmals ein internationales Klimaabkommen zustande kam – bislang gehörte jedes Jahr des 21. Jahrhunderts zu den wärmsten der Geschichte. Währenddessen schaut der mächtigste Mann der Welt Fox News und droht mit einem Atomkrieg.

KLETTERGARTEN
*auf dem »youngPOINTreformation«
im Torraum »Jugend«.*

Wie kann der Riss, der durch die Schöpfung geht, repariert werden? Wie wird das Böse eingedämmt und das Gute gefördert? Wie wird der Schmerz nicht nur betäubt, sondern geheilt? Diese Fragen stehen im Torraum »Gerechtigkeit, Frieden und Bewahrung der Schöpfung« im Zentrum. Einfache Antworten gibt es keine, zumindest aber werden Probleme vertieft und Perspektiven aufgezeigt. Im Hintergrund bei der Namensgebung des Torraums steht der Konziliare Prozess. Dieser wurde bei der Versammlung des Ökumenischen Rats der Kirchen (ÖRK) 1983 in Vancouver angesichts der realen Gefahr eines Atomkrieges ausgerufen. Christliche Kirchen

DIE TORRÄUME

gaben sich den Auftrag, gemeinsam zu lernen, und stellten die Themen Gerechtigkeit, Frieden und Bewahrung der Schöpfung an die Spitze ihrer Bemühungen. Eine Sensibilisierung setzte ein, vermittelt durch die ökumenischen Netzwerke.

Beim Nähertreten an den Wittenberger Schwanenteich ist die Verleitung groß, sich sommerlicher Leichtigkeit hinzugeben. Die Sonne scheint, der Teich spiegelt die idyllische Landschaft, die geschwungenen Flechtkonstruktionen aus Weidenholz am Ufer bilden ein harmonisches Ineinander. Auch die vereinzelten kleinen Boote aus beruhigenden Holztönen und runden Lamellen passen zum Gesamtbild. Doch die Harmonie wird gestört. Auf einer Anhöhe zeigt das Flüchtlingsboot Nr. 653 unmittelbar die Realität von Flucht. Sie ist nicht künstlerisch transformiert und gelindert – mit diesem Boot ist Flucht materiell sichtbar. Ein Wegschauen ist nicht möglich. Am 8. Juni 2013 fuhren 244 Kinder, Frauen und Männer aus Afrika auf diesem Boot über das Mittelmeer. Vermutlich legten sie vom libyschen Bengasi aus ab und im sizilianischen Portopalo an. Die ursprüngliche Herkunft der Flüchtlinge ist weder italienischen Journalisten noch

> *»Problemstellungen wurden bewusster,*
> *Projektideen klarer.*
> *Doch der Blick auf das Weltgeschehen zeigt:*
> *Es bleibt weiterhin viel zu tun.«*

den Behörden bekannt. Mit Sicherheit angenommen werden kann nur, dass sie horrible Zustände bereits in Libyen erlebt haben. Seit Beginn des Bürgerkrieges 2011 herrscht im Land Chaos, staatliche Strukturen bestehen kaum. Schlepper schlagen daraus Profit. Zahlreiche Flüchtlinge werden in sogenannten Privatgefängnissen festgesetzt, in denen einem Bericht der deutschen Botschaft zufolge »KZ-ähnliche Zustände« herrschen. Erschießungen sind an der Tagesordnung. Die Schlepper schaffen auf diese zynische Weise Platz. Durch Folterungen werden Flüchtlinge erpresst. Nur gegen viel Geld kann eine Bootsfahrt nach Europa erkauft werden.

244 Menschen gelang auf diesem winzigen Boot die Flucht aus Libyen nach Europa. Die Maße vermitteln eine grobe Vorstellung der Überfahrt.

ORIGINAL FLÜCHTLINGSBOOT
*aus Italien im Torraum »Gerechtigkeit«,
nahe des Schwanenteiches.*

DIE TORRÄUME

Das Boot ist 15,8 Meter lang, etwa fünf Meter breit und ebenso hoch. Insgesamt bietet es rund 60 Quadratmeter Platz, wenn das Dachstück zur unteren Ebene noch hinzugezählt wird. Bei der Überfahrt müssen pro Quadratmeter vier Flüchtende gekauert haben. Nach der Ankunft in

> *»Die Präsenz des Flüchtlingsbootes auf der Weltausstellung bringt die vielen Widersprüche der Gegenwart zum Ausdruck. Diese lassen sich nicht auflösen.«*

Sizilien wurde das Boot von den italienischen Behörden beschlagnahmt und benannt. Die arabischen Aufschriften »Gott sei Dank«, »Gott ist groß« und »Zufriedenheit« spielten bei der Namensgebung des Bootes keine Rolle. Es bekam den bürokratischen Namen »Nr. 653«, unter dem es in die Akten aufgenommen wurde.

Über das heutige Schicksal der Geflohenen ist nichts bekannt. Auch die Behörden wissen nicht, wohin sie gegangen sind. Manche wurden möglicherweise abgeschoben. Andere hatten vielleicht mehr Glück und konnten eine Arbeit in Würde finden. Wiederum andere arbeiten wahrscheinlich auf Orangenplantagen in Sizilien und erhalten, wenn überhaupt, einen Lohn von zwei Euro pro Tag. Nicht selten landen diese Orangen in deutschen Supermärkten. Die Mafia hat die Ausbeutung der Arbeitskraft von Flüchtlingen zum Geschäftsmodell gemacht.

Die Präsenz des Bootes bringt die vielen Widersprüche der Gegenwart zum Ausdruck. Diese lassen sich nicht auflösen. Beim Weitergehen durch den Torraum werden aber Perspektiven aufgezeigt. So legte die Fachhochschule Salzburg, die auch das Boot Nr. 653 als Bestandteil der Ausstellung beschafft hat, einen Schwerpunkt auf die Tätigkeit des Flechtens. Beim Flechten werden Zusammenhänge geschaffen. Verschiedene Stränge werden miteinander verbunden und erzeugen so eine hohe strukturelle Stabilität – sei es bei Körben, Stühlen oder Booten. Während der Weltausstellung kommen junge Einheimische und Fremde zusammen, um gemeinsam zu flechten und handwerklich zu arbeiten. Die Technik des Flechtens ist archaisch und weltweit bekannt. Hier soll sie Menschen verbinden.

Unter den Flechtern ist auch Ibrahim Ghazal, der aus Damaskus kommt und in Wittenberg lebt. Seit seiner Ankunft 2015 hat er schon in verschiedenen Projekten in Wittenberg gearbeitet, unter anderem als Kunsttherapeut in einem Krankenhaus mit Parkinson-Patienten. »Kunst kann heilen – oder zumindest lindern«, weiß Ibrahim. Gerade arbeitet er an Masken. Er bildet aus Holz Masken von Menschen nach, die er auf seiner Flucht gesehen hat. Ibrahim sorgt damit gleichsam dafür, dass die Fluchtgeschichten wieder ein Gesicht bekommen. Magdalena, eine Studentin aus Salzburg, hilft mit. Wenn Ibrahim sich beim Erklären eines handwerklichen Schrittes mit seinem Deutsch schwertut, hört sie geduldig zu. Als er dann abbricht, ermuntert sie ihn, weiterzusprechen und sich die nötige Zeit zu nehmen: »Mein Arabisch ist schließlich sehr schlecht!« Ibrahim lächelt schüchtern. Bislang war das Arabischniveau der Europäer, die er traf, nicht sonderlich gut. Er hat aber nie etwas anderes erwartet. Magdalena und Ibrahim beschließen, eine kleine Pause zu machen. Er zieht eine Tupperdose hervor und bietet ihr Maammoul an. Maammoul ist ein arabisches Gebäck, das mit Datteln, Pistazien oder Feigen gefüllt wird. Meistens wird es an Feiertagen gegessen.

BESUCHER
im Eine-Welt-Zelt.

Vor 500 Jahren löste die Besinnung auf die Bibel einen gesellschaftlichen Auf- und Umbruch aus. Ein Blick in die Bibel hilft auch heute: »Friede«, hebräisch Schalom (שולם), ist zentraler Inhalt der biblischen Überlieferung. Im hebräischen Sinne hat der Begriff eine weite Bedeutung. Friede meint das Heilsein des Menschen, der menschlichen Gemeinschaft und der gesamten Schöpfung. Gott schenkt dem Menschen Frieden, dieser kann ihn durch verantwortungsbewusstes Verhalten fördern. Im Jahr 2017 wäre eine Besinnung auf diese Bedeutung und ein Aufbruch erforderlich. Der Konziliare Prozess hält an, weiterhin gibt es ökumenisch und interreligiös viel zu lernen, wenn es um Gerechtigkeit, Frieden und Bewahrung der Schöpfung geht.

Nur so ist es möglich, dass auch die künftigen Generationen eine lebenswerte Welt vorfinden. Projekte wie die, an denen Magdalena und Ibrahim

DIE TORRÄUME

arbeiten, machen trotz aller gegenläufigen Entwicklungen in der Gegenwart Hoffnung. Diese bleibt – sie stärkt das Gefühl, dass der Riss durch die Schöpfung geheilt werden kann.

5. Globalisierung / Eine Welt

»Tische sind Metaphern der Macht«, sagte einmal die britische Innenarchitektin Ilse Crawford. »Ein Konferenztisch ist weit und lang. Am Tischende sitzt der Machthaber und Strippenzieher. Küchentische dagegen sollten eng und an den Enden oval sein, um ein komfortables und angenehmes Gespräch zu ermöglichen.« Ideal sei eine Breite von 75 Zentimetern, zumindest für westeuropäische Kulturen. Diese Distanz ermögliche die richtige Balance zwischen Nähe und Ferne. Sie begünstige, dass Menschen zusammenkommen. »Das Zusammenkommen von Menschen«, so schließt Crawford, »ist das Ziel von Design.«

Zwar nicht von Crawford gestaltet, aber doch von ihr inspiriert ist ein Pavillon des Torraums »Globalisierung / Eine Welt«. Dort steht: »Die Reformation ist eine Weltbürgerin. Aus aller Welt am Küchentisch.« Innovativ ist, dass hier nicht drastische Problemdiagnosen oder hochfliegende Ziele den Ausgangspunkt bilden, um über Globalisierung zu sprechen. Es ist vielmehr der einladende Küchentisch, der gute Gespräche und die Erkundung neuer Wege ermöglichen soll. Der Tisch selbst ist 90 Zentimeter breit, etwas breiter also, als Crawford ihn sich wünscht. Die Länge von drei Metern dürfte aber wiederum in ihrem Sinne sein, da so mehrere Menschen am Tisch zueinanderfinden.

ATELIERS
und Experimentierräume in den »Glaspalästen« laden zur Auseinandersetzung mit Themen der Globalisierung ein.

87 Prozent ihrer Lebenszeit verbringen Westeuropäer im Durchschnitt in geschlossenen Räumen. Selten sind sie sich bewusst, welche Wirkung Räume und ihre Inneneinrichtung auf ihre Gefühle und Gespräche haben. Räume können der Rahmen für oder gegen Diskussionen sein, sie können Menschen ausschließen oder einbeziehen. Dieser Raum, der

Weltbürgertum und Küchentisch verbindet, sorgt für eine diskussionsfreudige Atmosphäre. Regelmäßig nehmen Gäste der Weltausstellung Platz und fangen unbefangen an, mit Fremden zu debattieren.

Auf der Tischplatte liegen maßstabsgetreue Weltkarten aus. Häufig ist dies der Gesprächsimpuls. Diese Art von Weltkarte unterscheidet sich deutlich von jener, die 1569 vom belgischen Geografen Gerhard Mercator entworfen wurde und noch immer die bekannteste der Gegenwart ist. Mercator hatte eine zugegebenermaßen schwierige Aufgabe, bei der er teils geschickte, teils folgenschwere Entscheidungen traf. Zunächst musste er die Erde, die ja allen damaligen vatikanischen Beteuerungen zum Trotz eine Kugel und keine Scheibe ist, auf ebenes Papier bringen. Wer einmal versucht hat, eine Orangenschale auf ein Blatt Papier zu bannen, weiß, wie schwer Mercator es hatte. Der Geograf ließ sich dennoch nicht entmutigen. Er beschloss, die Längengrade an den Polen in die Breite zu ziehen, um eine rechteckige Form zu erhalten. Durch dieses Verfahren wurden an den Rändern, also im Norden und Süden, die Länder gestreckt, in der Mitte aber gestaucht. Das nördlich liegende Europa wurde so größer, als es in Realität ist. Die kartographische Verzerrung bildete die papierene Grundlage des europäischen Imperialismus. Heutige Weltkarten gehen noch immer auf Mercator zurück.

Arno Peters unternahm in den 1970er Jahren mit einer maßstabsgetreuen Weltkarte den Versuch, ein realitätsnahes und zugleich bescheideneres Bild von Europa zu zeichnen. In der Peters-Projektion, die von den Vereinten Nationen in Auftrag gegeben wurde, ist Europa nicht mehr der künstlich aufgeblähte Kontinent, der sich größer macht, als er ist. Europa ist eingezeichnet in einen realistischen Weltzusammenhang, in der die kartographierte der tatsächlichen Größe entspricht. Mit der paritätischen Weltkarte gab Peters einen Impuls für eine paritätische Welt. Und doch ist die Peters-Karte noch nicht allzu bekannt. Insbesondere deutsche Gäste wundern sich verdutzt über ihr geschrumpftes Heimatland auf dem Küchentisch.

Es kommen neue Gäste an den Küchentisch. Sarah, Paola und Phuoang sind aus dem benachbarten Pavillon zu Besuch gekommen. Nebenan erklären sie Gästen der Weltausstellung die Ziele einer nachhaltigen Entwicklung, die seit 2016 im Auftrag der Vereinten Nationen für fünfzehn Jahre gelten. Diese reichen von Bekämpfung von Armut und Hunger über

DIE TORRÄUME

Gewährleistung von Bildung bis zu nachhaltigem Wirtschaften. Sie sind äußerst ambitioniert und wenig bekannt. Um das Erreichen der Ziele realistischer zu machen, erklären die drei jungen Frauen den Gästen die einzelnen Punkte ausführlich.

Sarah kommt aus Hamburg und ist durch ihren kongolesischen Vater immer schon an globalen Zusammenhängen interessiert gewesen. Phuoang ist aus dem vietnamesischen Hanoi nach Wittenberg gekommen, Paola kommt aus Bogotá in Kolumbien. Die drei finden, die reformatorischen Kirchen sollten sich stärker mit einer verantwortlich gestalteten Globalisierung befassen. Lokale Kontexte, ob in Hamburg, Hanoi oder Bogotá, seien nämlich nach reformatorischem Verständnis immer auf die eine Kirche und damit auf die gesamte Welt bezogen. Der Grundsatz »Lokal handeln, global denken« sei also im Kern reformatorisch, er müsse stärker in den Kirchen verankert werden. Zwar ist erfreulich, so die drei, dass fairer Handel für die Kirchen mittlerweile eine wichtige Rolle spiele. Ein gesellschaftlicher Wandel habe sich aber noch nicht in einer zufriedenstellenden Weise vollzogen.

> *»Hier wurden Menschen aus aller Welt an einen Küchentisch geladen, um über die Globalisierung zu sprechen.«*

Phuoang und Paola kommen jeweils aus Ländern, in denen vielfach Textilien produziert werden. Nicht selten lassen sich in westeuropäischen Modehäusern die Hinweise »Made in Vietnam« oder »Made in Colombia« finden. Paola verweist auf das Entwicklungsziel Nummer zwölf »Nachhaltige Konsum- und Produktionsweisen«. Dieses Ziel intendiert fairen Textilhandel. Allerdings ist bislang wenig passiert. Die Produktionsbedingungen sind für die vor allem weiblichen Arbeiterinnen schlecht, zum Teil prekär und gefährlich. Nicht selten kommen Arbeitskräfte bei Fabrikunglücken ums Leben. Phuoang meint, dass sie bei ihrer Rückkehr nach Vietnam gerne etwas für die Offenlegung von Produktionsbedingungen tun möchte. Lange Zeit wusste sie nichts über die teils menschenunwürdigen Fabriken in ihrem Heimatland. Sie ist sich zugleich sicher, dass Konsumenten in reichen Ländern sich anders verhalten würden, wenn sie eine klarere Vorstellung hätten. Würden sie wissen und sehen, wie ihre Kleidung produziert wurde – sie würden nicht so unbedacht einkaufen, wie das jetzt der Fall ist.

Aus zwei ziemlich unterschiedlichen Ländern des globalen Südens kommen so Impulse nach Wittenberg. Aus ihren Überlegungen kommen die drei Frauen auf die Idee, nach ihrer Abreise ein Projekt zu gründen. Sie möchten in einem Blog Beiträge schreiben und so Wissen über die Situation in den jeweiligen Ländern vermitteln. Auf diese Weise könnte ein Beitrag geleistet werden, damit Strukturen der Globalisierung so reformiert werden, dass sie ein gutes Leben für alle Menschen, im globalen Norden wie Süden, ermöglichen.

INSTALLATION
der Initiative Brot für die Welt im Eine-Welt-Zelt.

Es mag ein kleiner Küchentisch sein, an dem heute Abend diskutiert wird. Doch bereits vor 500 Jahren gingen aus dieser kleinen Stadt große Ideen hervor, die dann bodenständig umgesetzt wurden. Warum sollte das in diesem Jahr anders sein, wenn man Phuoang, Paola und Sarah diskutieren hört? Die Reformation ist eine Weltbürgerin – keine aber, die mit Selfies an Flughäfen damit prahlt. Sie sitzt am Küchentisch, diskutiert offenherzig und bringt Menschen zusammen.

6. Ökumene und Religion

Luther hatte viele Facetten. Ökumenische und interreligiöse Verständigung waren ihm aber sicher keine Kernanliegen. Sein theologisches Bemühen richtete sich zu Beginn auf eine Reform der einen christlichen Kirche, mit dem Lauf der Geschichte war der wuchtige Reformator aber zu keinen Kompromissen mehr bereit. Die Spaltung der Kirche war auch durch die damalige Verfasstheit Roms unausweichlich.

Die dunkle Kehrseite der theologischen Produktivität und des klaren Profils Luthers sind seine heftigen und hasserfüllten Abgrenzungen. Drei

Gruppen galt sein Hass in besonderer Weise: zunächst dem Papst, der für ihn der Antichrist war, und dessen Anhängern; zudem den »Türcken«, die für ihn in Zeiten der osmanischen Bedrohung Boten der Endzeit waren; schließlich den Juden, deren Gottesverhältnis er verdammte. Die Polemiken Luthers haben eine lange Spur düsterer Geschichte nach sich gezogen. So bedienten sich in Deutschland die Nationalsozialisten bei Luther, um ihre antisemitische Ideologie zu untermauern.

Im Torraum »Ökumene und Religion« werden diese schmerzhaften Erinnerungen nicht übergangen. In Auseinandersetzung damit wird aber versucht, unter modernen Bedingungen die Balance zwischen Einheit und Vielfalt zu bestimmen. Ökumenische Weite und gegenseitiger Respekt prägt somit ebenso wie Kritik und Differenzbewusstsein die Begegnungen. Die Nähe zum Luthergarten bildet eine passende Szenerie für ökumenische Gespräche: Im Garten haben 145 lutherische, aber auch andere christliche Kirchen als Zeichen der ökumenischen Verbundenheit knapp 300 Bäume um ein Kreuz gepflanzt, das sich in der Mitte des Gartens befindet. Von diesem Kreuz ausgehend führen sieben Wege durch die vielen Bäume und bilden damit die sieben Kontinente der Welt ab.

»Beim Jubiläum 1917 war eine ökumenische Ausrichtung komplett undenkbar«, bemerkt Verena Hammes. Als Katholikin nimmt sie gerne an den Reformationsfeierlichkeiten teil. Sie ist Referentin der Deutschen Bischofskonferenz für Ökumene vor dem Reformationsgedenken 2017. Die ökumenische Offenheit dieses Jubiläums 2017 beeindruckt sie: »Vor hundert Jahren wurde Luther nicht nur als Held der Deutschen gefeiert. Zugleich vergewisserten sich die Lutheraner ihrer antikatholischen Gefühle. Dieses Jubiläum ist da völlig anders.« Die Theologin denkt etwa an den Versöhnungsgottesdienst »Healing of Memories« in der Hildesheimer Michaeliskirche. Kardinal Marx und der EKD-Ratsvorsitzende Heinrich Bedford-Strohm erinnerten dort schuldbewusst an die Geschichte der Spaltung, feierten aber auch gewachsene Einheit.

Auch hier brachten die Diskussionen und Andachten hoffnungsvolle Zeichen. Täglich fanden sich Christen verschiedener Konfessionen zu Andachten zusammen. »Die spirituelle Dimension der Ökumene sollte neben den wichtigen theologischen Debatten nicht vernachlässigt werden«, betont Hammes. Denn ökumenische Fortschritte sind nie allein durch argumentativen Druck zustande gekommen. Vielmehr war die Besinnung auf den gemeinsamen Grund immer der Anfangspunkt für wachsende Einheit. Dies war in Wittenberg spürbar, was Hammes auch optimistisch in Bezug auf die gegenwärtige Situation macht. Zwar sind noch immer viele Fragen ungeklärt und strittig – etwa das unterschiedliche Amtsverständnis oder die Zulassung gemischt-konfessioneller Paare zur katholischen Eucharistie. Hammes ist dennoch überzeugt, dass Geduld und guter Wille eine Veränderung ermöglichen können.

> *»Fortschritte auf Leitungsebene waren in der Ökumene stets auf Impulse aus der Basis angewiesen.«*

Darauf hofft auch Mathias Burbach. Der IT-Experte ist Kirchenvorsteher der evangelisch-lutherischen Auslandsgemeinde in Sydney. Zur Weltausstellung ist er mit anderen Gemeindemitgliedern nach Wittenberg gekommen. Die Diskussionen und Andachten sowie die generelle Aufbruchsstimmung vor Ort ist für Burbach eine enorme Motivation. Wenn er erzählt, sprudelt der Geist der Erneuerung aus ihm. 1998 ist er aus einem kleinen hessischen Dorf nach Sydney emigriert. In die Auslandsgemeinde ging er zunächst nicht. Er suchte Anschluss bei lokalen Einwohnern, da er Englisch lernen und mit Deutschland erst einmal wenig zu tun haben wollte. Nach ein paar Jahren, in denen er religiös nicht aktiv war, bekam er Besuch von mormonischen Missionaren. An sechs Wochen in Folge suchten die Mormonen den Programmierer auf und diskutierten mit ihm. Es waren gute Gespräche. Burbach wurde klar, dass er eine religiöse Sehnsucht spürte. Bei den Mormonen würde er diese Heimat aber nicht finden, merkte er. Er beschloss, einen deutschsprachigen Gottesdienst der evangelisch-lutherischen Gemeinde in Sydney zu besuchen.

Heute trägt der Kirchenvorsteher ein weißes Poloshirt, auf dem stolz eine Lutherrose und die Aufschrift »Ev.-luth. Gemeinde Sydney« prangt. Das war nicht immer so. Beim ersten Gottesdienst in seiner australischen Heimatstadt wollte Burbach eigentlich zunächst nur mal »reinschauen«. Als der Pastor bei den Abkündigungen sagte: »Übrigens, wir haben auch

DIE TORRÄUME

an anderen Sonntagen geöffnet«, fühlte Burbach sich ertappt, aber auch angesprochen. Er kehrte zurück. Mehr und mehr fühlte er sich heimisch in der Gemeinde und übernahm in der Folge zunehmend Verantwortung. Er wurde in den Kirchenvorstand gewählt und engagiert sich heute für recht unterschiedliche Projekte. Unter anderem hat er mit einigen Motorradfahrern einen eigenen Biker-Club gegründet. Da der Name »Hells Angels« bereits vergeben war, fanden sie ihren eigenen Namen: »Luther Angels«.

Mehr noch als die Luther Angels liegt Burbach aber am Austausch seiner Gemeinde mit den Aborigines in Australien. Bereits 1877 gründeten Lutheraner die »Finke River Mission Station«. Mitten in der Wüste des australischen Bundesdistriktes Northern Territory lebten Missionare, die Wert auf einen anerkennenden Umgang mit den Aborigines legten. Als Symbolfigur für ein respektvolles Zusammenleben zwischen Weißen und Indigenen kann dabei Pastor Carl Strehlow gelten. Er entwickelte in seiner Zeit als Missionar von 1894 bis 1922 eine eigene Schrift für die Aborigine-Sprache Aranda, um so die Bibel zu übersetzen. Zudem sammelte und bewahrte er Mythen und Legenden der Ureinwohner. In Australien ist das Leben Strehlows eines von wenigen Beispielen für eine respektvolle Annäherung der zwei Kulturen. Noch bis in die 1960er Jahre entzog der australische Staat Aborigine-Müttern das Sorgerecht, wenn die Kinder einen weißen Vater hatten. Noch immer wird in Australien über die »Stolen Generation« (gestohlene Generation) gesprochen. Zwar hat 2008 der damalige Premierminister Kevin Rudd die Aborigines erstmals um Entschuldigung für zwei Jahrhunderte währendes Unrecht gebeten, von echter Anerkennung kann aber auch heute noch keine Rede sein. Daher bemüht sich Burbach weiterhin um einen Dialog auf Augenhöhe und damit um die Bewahrung der Aranda-Kultur.

Auch Fragen des interreligiösen Dialogs beschäftigen Burbach. Seine Lebensgefährtin ist Buddhistin. Beide legen in ihrer Partnerschaft Wert auf die Achtung der jeweils anderen Religion. Von Zeit zu Zeit besucht sie die evangelischen Gottesdienste und er buddhistische Meditationen und Feste. Unlängst war Burbach beim Neujahrsfest, wo es einen Schafskopf zu essen gab. In nüchternem Hessisch bemerkt er: »Ein bisschen gewöhnungsbedürftig war es schon. Aber es hat geschmeckt.« Ihm gefällt, dass hier auch Juden, Muslime, Hinduisten und Buddhisten im House of One ihre Bräuche zeigen und beten. Dabei geht es nicht darum, Unterschiede zu verschleiern. Wohl aber darum, einander kennenzulernen, zu verstehen und zu akzeptieren.

7. Kultur

Das Wort ist der Nerv der protestantischen Kultur. Bis heute bedient die evangelische Frömmigkeit vor allem das Ohr – Predigt und Musik spielen als Mittler des Heiligen eine elementare Rolle im Gottesdienst. Im Unterschied dazu setzen Katholiken und Orthodoxe auf andere Sinne. Die opulenten Kirchenbauten und Ikonenbildnisse wenden sich stärker an das Auge, der Weihrauch an die Nase. Erst die ökumenische Bewegung hat diese konfessionellen Grenzen durchlässiger machen können – dennoch hält die konfessionelle Imprägnierung von Kultur weiterhin an.

Reformation und Kunst hatten lange Zeit eine komplizierte Beziehung. In der reformierten Tradition sprach sich vor allem Zwingli für die vollständige Abschaffung der Bilder aus den sakralen Räumen aus. Der lakonisch-schlichte Charakter reformierter Kirchenbauten steht in Kontinuität dazu. Die lutherische Tradition war angeführt von Luther zwar etwas moderater. Luther fand: »Bilder, Glocken, Messgewand, Kirchenschmuck, Altarlichter und dergleichen halte ich für frei. Wer da will, der kann's lassen, obwohl ich Bilder aus der Schrift und von guten Historien für sehr nützlich halte, aber doch frei und in eines jeden Ermessen. Denn mit den Bilderstürmen halte ich es nicht.« Bei näherem Hinsehen wird aber am Wort »nützlich« deutlich, dass Luther der Kunst bestenfalls eine didaktische Funktion zugestand. Den Reformatoren war fremd, der Kunst einen Wert an sich beizumessen. Die Komplikationen setzten sich fort: Im 19. Jahrhundert beispielsweise stand der sonntägliche Museumsbesuch in Konkurrenz zum Gottesdienst.

DER SCHWEIZER PAVILLON
nimmt die Besucherinnen und Besucher mit auf eine Reise vom Beginn der Reformation bis hin zur Neuzeit.

Helmut ist ehrlich: »Kultur, das war für uns damals, wenn man sich regelmäßig duschen konnte.« Er meint die Nachkriegszeit im Ruhrpott.

DIE TORRÄUME

Dennoch möchte er sich den Torraum »Kultur« genauer ansehen. Schließlich hat er dafür bezahlt und seine Kräfte sind auch nach mehreren Tagen Weltausstellung nicht am Ende. Besonders interessiert ihn die Ausstellung »Prophezey – die Schweizer Reformation«. Helmut freut sich darauf, endlich mehr über Reformatoren, Bibeln und Druckerpressen zu erfahren. Sorgfältig schaut er sich die Infotafeln zu Zwingli und Calvin an. Dann geht Helmut weiter zu einer großen Bibeldruckpresse aus Holz. Er ist beeindruckt. Die Presse ist rund zwei Meter hoch und ebenso breit.

Der Buchdruck bildete die entscheidende Voraussetzung für die Verbreitung reformatorischer Ideen. Mit dem Boom an Bibelübersetzungen durch verschiedene Reformatoren fanden technische Voraussetzung und gedankliche Umsetzung zueinander. Weit weniger beachtet, aber ebenso wichtig war die Schaffung eines modernen Postwesens, durch das Ideen schneller als bisher verbreitet werden konnten. Mit Hilfe einer infrastrukturellen Neuerung warfen die Boten arbeitsteilig alle 30 Kilometer einen Brief in den nächsten Postkasten, den der nächste zuständige Bote weitertransportierte. Boten und Pferde konnten dadurch geschont werden, auch Pausen wurden unnötig. Die Übermittlungszeit verkürzte sich so erheblich: Ein Brief von Brüssel nach Rom brauchte im Jahr 1517 nur noch zwölf Tage – zehn Jahre zuvor waren es noch dreißig Tage gewesen.

> *»Schon 1531 war die erste Zürcher Bibel fertig geworden – drei Jahre, bevor Luther die Wittenberger Vollbibel herausgab.«*

Insgesamt wurden bis 1555 rund eine Million Bibeln gedruckt und verbreitet. Das Wort war so frei zugänglich wie nie zuvor. Im Schweizer Pavillon haben Gäste nun die Möglichkeit, selbst eine Doppelseite mit der Druckpresse zu erstellen. 5000 Lettern sind in die Druckplatte eingefasst, auf die mit einem Roller Tinte getunkt wird. Helmut lauscht den Erklärungen des Druckexperten. Dann dreht er den Hebel der Presse, die sich um 180 Grad neigt und das weiße Papier mit feinen Lettern füllt. Mit einem Knarzen öffnet Helmut die Presse und schaut sich seine Bibelseite an. »Toll!«, findet Helmut. Das bedruckte Blatt wird mit einer Wäscheklammer zum Trocknen auf eine Leine gehängt. Die einzelnen Seiten, die über den Reformationssommer von den Gästen gedruckt werden, fügen sich schließlich zu einer neuen Bibelausgabe zusammen.

Etwas später geht Helmut weiter zum Listros-Pavillon. »Listros« wird in der äthiopischen Landessprache Amharisch für »Schuhputzer« verwendet. Im wörtlichen Sinne bedeutet Listro »zum Glänzen bringen«. Der Pavillon macht aufmerksam auf die 30 000 Mädchen und Jungs, die in Addis Abeba täglich Schuhe putzen, um sich und ihren Familien den Lebensunterhalt oder ihre Schulbildung zu finanzieren. Der Eingang ist nur etwa 1,30 Meter hoch, Helmut bückt sich und ächzt: »Da muss man sich aber klein machen.« Innen türmen sich die Holzboxen. In einem offenen Raum unter freiem Himmel formen insgesamt 3500 ausrangierte

> *»Als ein kleiner Windstoß durch den Pavillon geht und die aufgehängten Blätter an den Leinen wehen, freut sich Helmut: »Das ist der Geist der Reformation.«*

Schuhputzkisten der Listros die Wände. Die Kisten sind aus Holzresten gefertigt. Teilweise ist das Holz an den Befestigungsnägeln eingerissen. Die Ecken der Kisten sind rund, die Listros haben sie zur Verschönerung abgeschmirgelt. Für die Ausstellung stellten die meist minderjährigen Schuhputzer ihre Boxen zur Verfügung und schickten einen Brief, in dem sie aus ihrem Leben erzählen. Im Gegenzug erhielten sie eine neue Box mit neuer Ausstattung.

Ein Listro namens Benyam schreibt: »Liebe Welt, ich bin Dein Sohn. Auch die anderen, die mich nicht wahrnehmen. Vielleicht siehst Du das, vielleicht auch nicht. Ich sehe Dich.« Es sind nur die Kisten zu sehen und die Worte zu hören. Benyam ist dennoch nah, als sein Brief verlesen wird. Nach einer kurzen Pause ist der nächste Listro zu hören. Ein namentlich unbekannter Junge schreibt: »Ich arbeite, um mich aus der Abhängigkeit von meiner Familie zu befreien. Obwohl ich wenig verdiene, bin ich Herr über mich selbst und kann die Dinge, die ich brauche, bezahlen. Wenn auch wenig, kann ich auch meinen Eltern Geld geben. Was gibt es

Besseres als das? Ich arbeite bis zu 16 Stunden am Tag, ohne Pause und in der Sonne. Das sind die größten Probleme, die ich habe. Ich möchte ein gebildeter Händler werden.«

Dawit Shanko ist der Initiator der Listros-Projekte und der Künstler der Freiluftinstallation »Briefe an die Welt«. Er war selbst Schuhputzer und finanzierte sich damit seinen Schulbesuch. Dawit sagt: »Ich fühle mich noch heute als Listro, in dem Sinne, dass ich anderen Menschen diene, Eigeninitiative ergreife, mutig bin, bisweilen ungewöhnliche Wege zu beschreiten.« Mittlerweile lebt er in Berlin. Für die Weltausstellung hat er passend zu den 95 Thesen Luthers nun 95 Briefe der Listros ausgesucht, die er selbst übersetzt hat und die im Pavillon von Schauspielern vorgelesen werden. Dawit wünscht sich, dass nicht nur den Listros, sondern alle in Würde arbeitenden Menschen Respekt entgegengebracht wird: »Jede Arbeit, die – wie ein Listro sagt – ›nichts mit Stehlen und Überfällen zu tun hat‹, verdient unseren ungeteilten Respekt.« Diesen Respekt wünscht sich Dawit auch in Deutschland. Über Kultur sagt er schließlich: »Kultur kann die Probleme der Welt nicht lösen. Sie kann aber für die Probleme sensibilisieren und Lösungsansätze liefern.«

DER LISTROS-PAVILLON,
Innenraum. Die Installation bestand aus alten Schuhputzboxen aus Äthiopien. Zwischen den ausgedienten Boxen konnte man sich die Geschichten der Schuhputzer, der sogenannten Listros, anhören und wurde dazu angehalten, Themen wie Gerechtigkeit und Menschlichkeit neu zu überdenken.

Helmut hört eine halbe Stunde den Briefen zu. Dann geht er aus dem Pavillon raus. Die Besucher können auf die äußere Schiefertafelwand des Pavillons in Kreide ihre Botschaften schreiben. Helmut schaut kurz auf die Tafel und geht dann zum Shop. Er kauft fair gehandelten äthiopischen Kaffee. »Für Marion«, sagt er und fügt an: »Irgendwo muss man ja anfangen.«

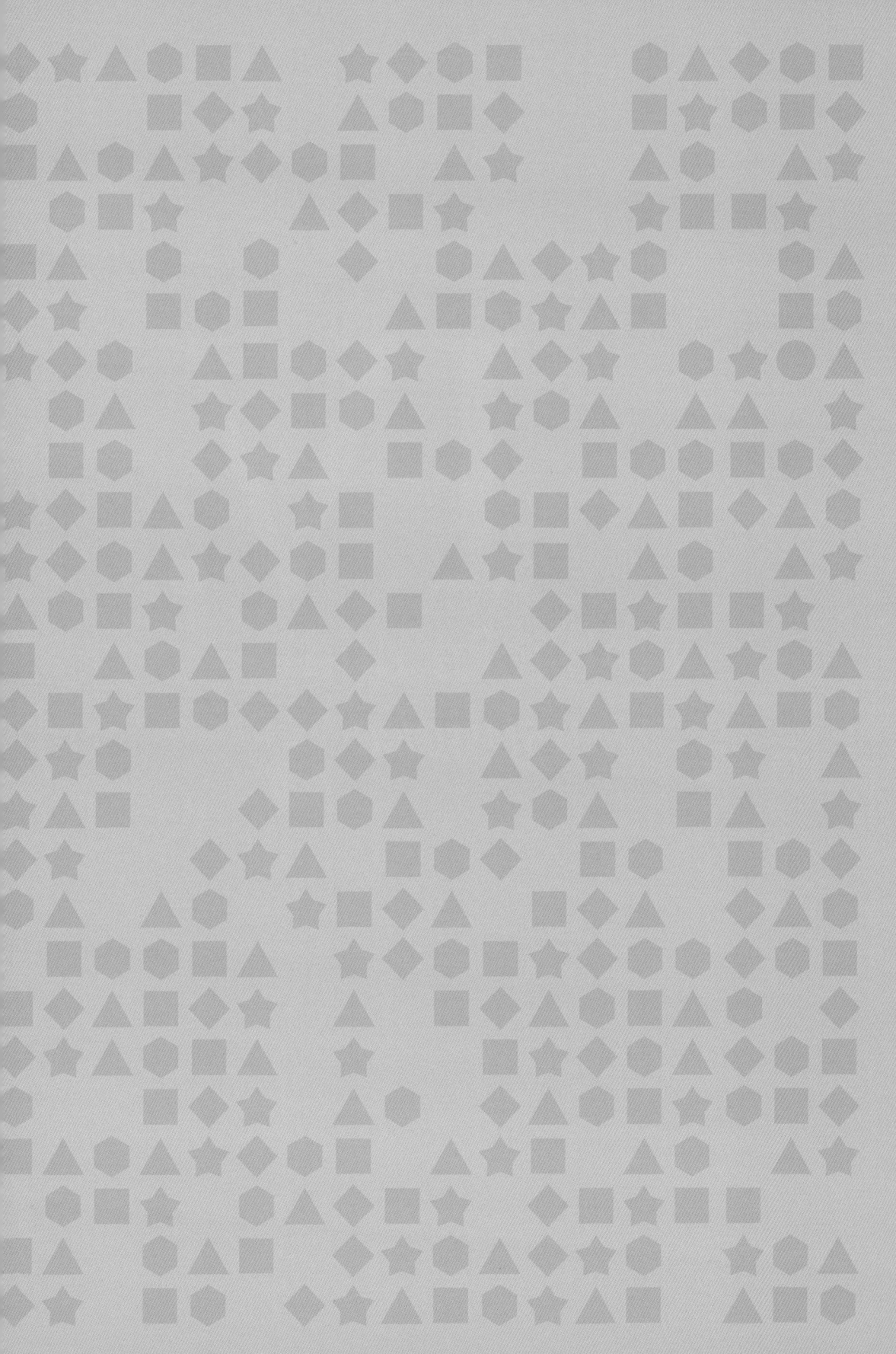

IV.
Einblicke und *Ausblicke*

Perspektiven auf den Wittenberger Reformationssommer

1. **Das Kulturprogramm auf der Weltausstellung**
   André Schmitz . *Seite 160*
2. **Beobachtungen einer Wittenbergerin**
   Eva Löber . *Seite 166*
3. **Ich bin ein Teil davon –
   Rückblicke von Volunteers**
   Jasmin School / Jana Pannier / Roberto Geovanni
   Rodriguez Montesinos . *Seite 172*
4. **Als Aussteller auf der Weltausstellung**
   Kathrin Jahns / Silvia Mustert / Fabian Vogt . *Seite 178*
5. **Eine Zeltstadt für die Jugend –
   KonfiCamps in Wittenberg 2017**
   Tobi Bernhard / Jan Janssen /
   Katharina Kentsch . *Seite 184*

KAPITEL IV.1. | Kulturprogramm

LUTHER
*und die Avantgarde –
Skulptur in einer
Gefängniszelle,
gestaltet vom Künstler
Pascale Tayou.*

1
Das Kulturprogramm
auf der Weltausstellung

ANDRÉ SCHMITZ
*Sprecher der Arbeitsgruppe Kultur
bei der Weltausstellung r2017.org*

Auf den österreichischen Schriftsteller Peter Altenberg geht der Aphorismus zurück: »Gott denkt in den Genies, träumt in den Dichtern und in den übrigen Menschen schläft er.« Dass Gott auch in den Künstlern träumt, sei hier in reformatorischer Freiheit einfach mal dahingestellt. Allerdings war das Verhältnis zwischen genialen reformatorischen Ideen und visionärer Kunst über Jahrhunderte alles andere als unkompliziert. Dennoch ist es gelungen, einen kulturellen Schwerpunkt auf der Weltausstellung Reformation in Wittenberg zu setzen – das ist ebenso überraschend wie erfreulich.

Herzstück des kulturellen Programms war die Ausstellung »Luther und die Avantgarde«. Der Reformator und diese spezifische Bewegung mögen auf den ersten Blick zwar unterschiedlich wirken. Bei näherem Hinsehen zeigen sich aber bemerkenswerte Gemeinsamkeiten: Luther und die Avantgarde hinterfragten unerschrocken die Welt und engagierten sich auf lange Sicht erfolgreich für die Freiheit.

Für den Reformator stand der freie Zugang des Einzelnen zum Glauben im Zentrum. Die Angst vor dem Ablasshandel plagte die Gläubigen, was

KAPITEL IV.1. | Kulturprogramm

TOR
(Bild re.) zum Torraum Jugend vor dem 360°-Panorama von Yadegar Asisi.

MALEREI
(Bild li.) von Miao Xiaochun: Zero Degree Doubt.

SKULPTUR
(Bild unten li.) von Markus Lüpertz.

SKULPTUR
(Bild unten re.) von Olaf Metzel im Treppenhaus des Alten Gefängnisses.

Luther zu seinem mutigen Protest gegen die Kirche seiner Zeit bewegte. Dabei wusste er überaus geschickt mit neuen kommunikativen Möglichkeiten umzugehen, im Fortlauf der Reformation avancierte er zum gefragten Medienstar. Die Verwendung der deutschen Sprache und die damit verbundene Öffnung des Diskurses, das Talent für pointierte Formulierungen und natürlich die Bibelübersetzung dienten letztlich einem Ziel: Die Gläubigen sollten frei und selbstständig ihre Gottesbeziehung finden. Keine Instanz sollte die Freiheit eines Christenmenschen gefangen halten.

Die ausstellenden Künstler der Gegenwart kreisen mit ihrem Wirken ebenfalls um die Freiheit. Auch heute ist die Freiheit gefährdet. Zu denken ist hier zum einen an die Gefahren für Pluralität und Demokratie: Populisten zeigen derzeit unter bedauerlicher Öffentlichkeitswirksamkeit ihre hässliche Fratze mit rassistischen, antisemitischen und sexistischen Äußerungen. Nachdenklich macht, dass populistische Strömungen die digitalen Möglichkeiten in Teilen besser nutzen als diejenigen, die für die pluralistische Demokratie eintreten. Für die Ausstellung ergaben sich damit folgende Fragen: Wie kann Luther die Kultur und Gesellschaft der Gegenwart inspirieren? Was für Denken und Handeln ist gefragt in einer Welt, in der Informationen manipuliert werden und Konflikte sich verschärfen? Wer verändert die Welt heute?

Ziel war es, für diese Fragen zu sensibilisieren. Schnell zeigte unsere Ausstellung: Die Kunst tritt für die Freiheit ein und ist damit Wahlverwandte der Reformation. In ihren Kunstwerken traten die Künstler mal als aufmerksame Beobachter der gefährdeten Freiheit, mal als Mahner zur noch zu schaffenden Freiheit auf. In einer Zeit, in der viele Gewissheiten unsicher geworden und neues Nachdenken und Handeln gefragt sind, ist diese Doppelfunktion der Kunst von großer Bedeutung.

Passend zur Freiheit wurde auch der Ausstellungsort gewählt. Das Alte Gefängnis in Wittenberg transformierte sich während der Weltausstellung zum Kunstmuseum. Im Zuge der Reformation wich der Ablasshandel der Befreiung des Gewissens – in Wittenberg wich nun das Alte Gefängnis einer Kunstausstellung. 500 Jahre nach dem Thesenanschlag und 50 Jahre nach der Schließung des Gefängnisses wurde so eine provokante, anregende und passende Verbindung geschaffen.

KAPITEL IV.1. | Kulturprogramm

Pro Zelle stellte ein Künstler aus. So kamen im März des Reformationsjahres Künstler aus aller Welt nach Wittenberg und gestalteten über mehrere Wochen ihre Zelle. Schon zu diesem Zeitpunkt war zu spüren, dass in dieser kleinen Stadt Großes entstand. Die Ausstellung, die auch einen Ableger in Berlin und in Kassel bei der Documenta hatte, erzielte schließlich eine überaus positive Resonanz.

> »Viele Gäste aus der Region, aber auch aus ganz Deutschland und der Welt kamen in die Lutherstadt, um die Künstler der Avantgarde zu bestaunen.«

Besonders eindrücklich für mich war die Zelle, in der Andrej Kuzkin mehrere aus Brot modellierte Figuren ausstellte. In der Sowjetunion aßen politische Gefangene das täglich dargereichte Brot bisweilen nicht, allem Hunger zum Trotz. Stattdessen zerkauten sie das Brot, zersetzten die trockene Masse mit ihrer Spucke und formten schließlich kleine Figuren aus dem Brei. In der Kargheit und Trostlosigkeit des Gefängnisalltags konnten die isolierten Gefangenen wenigstens die kleinen Figuren ansehen. Das gab Hoffnung. Kuzkins Kunst zeigt, woran auch die Reformation erinnerte: Der Mensch lebt nicht vom Brot allein.

Dieses Ausstellungsobjekt stand neben zahlreichen beeindruckenden und nachdenklich stimmenden Kunstwerken. In den anderen Zellen wurden Gemälde, Skulpturen, Installationen, Wandmalereien, Fotografien oder auch Filme gezeigt. Anhand der Objekte wurde deutlich, dass der gemeinsame Traum von Freiheit nicht selten auch den Alptraum der Unfreiheit zur Kehrseite hat. Die Presse-, Meinungs- und Kunstfreiheit musste in Deutschland mühsam erkämpft werden, vielerorts steht dieser Kampf noch aus oder neu an. An dieser Problemanzeige führt kein Weg vorbei, doch überwog letztlich die Ermunterung, sich für die Freiheit zu engagieren. Jede Zelle wurde so zu einem kleinen Fenster der Freiheit, das neue Perspektiven eröffnete.

Das Zusammenspiel der Kunstwerke aus aller Welt ergab ein stimmiges Gesamtbild. Von Ai Weiwei über Ayse Erkmen zu Johanna Reich stellten verschiedenste Künstler aus, die Resonanz war überwältigend. Sie zeigte, dass auch auf künstlerischer Seite ein Bewusstsein für die Wahlverwandtschaft zwischen Avantgarde und Reformation besteht. Auch wenn alte Fäden zueinander oft abgerissen sind, bleibt also die Hoffnung, dass das Reformationsjubiläum Impulse zu einer stärkeren Verbindung von Kunst und Religion setzen konnte. Dies könnte sich direkt im Alten Gefängnis konkretisieren: Ich wünsche mir, dass dieser Ort dauerhaft für die zeitgenössische Kunst gesichert werden könnte.

Neben der Ausstellung »Luther und die Avantgarde« konnten noch viele weitere Kunstprojekte realisiert werden. Mich selbst berührte der Pavillon Listros in besonderer Weise. Der Berliner Künstler Dawit Shanko hat hier zahlreiche Schuhputzboxen und Briefe von meist minderjährigen Schuhputzern aus Addis Abeba gesammelt. Die Botschaften aus der äthiopischen Hauptstadt sprechen eindringlich zu uns und erinnern an die evangelische Verantwortung, sich für eine gerechte Welt einzusetzen. Kunst, das wird auch an dem Pavillon Listros deutlich, kann in anderer Weise sensibilisieren als der bloße Blick auf Fakten. Denn sie spricht nicht nur den Verstand an, sondern erreicht das Herz und kann somit die Grundlage für neue Aufbrüche sein.

Zudem realisierte der Leipziger Künstler Yadegar Asisi in Wittenberg das Panorama »Luther 1517« und sorgte so für ein weiteres Highlight während der Weltausstellung. Das 360 Grad umspannende Panorama zeigt die Ereignisse in Wittenberg vor 500 Jahren. In einer eigens errichteten Rotunde erstreckt sich das beeindruckende Bild über 15 mal 75 Meter und vermittelt einen Eindruck der Zeit Luthers. Bereits über 300 000 Menschen besuchten das Panorama, das auch noch über die Weltausstellung hinaus geöffnet sein wird.

Vor 500 Jahren brach ein augustinischer Bettelmönch auf, die Welt zu hinterfragen. Er sollte zu einem Vorkämpfer der Freiheit werden. In diesem Jahr waren es die avantgardistischen Künstler, die eine solche Aufbruchsstimmung verbreiten konnten. Ich hoffe, dass ihr Traum von der Freiheit die Christenheit aus dem Schlaf der Sicherheit wecken konnte. Denn in der Gegenwart ist erneut gefordert, dass Christinnen und Christen als wache Zeitgenossen im Sinne der Freiheit handeln.—

KAPITEL IV.2. | Beobachtungen einer Wittenberg

LUTHER POP-ORATORIUM
Exklusiv für das Reformationsjubiläum 2017 wurde das Pop-Oratorium »Luther« von dem bereits durch das Pop-Oratorium »Die 10 Gebote« erprobten Erfolgsduo Michael Kunze (Text) und Dieter Falk (Musik) geschrieben. Am 31. Oktober 2015 wurde das Werk in der Dortmunder Westfalenhalle mit einem Symphonieorchester, einer Band, Musicaldarstellern und einem Chor aus 3000 Sängerinnen und Sängern uraufgeführt.

2

Beobachtungen einer *Wittenbergerin*

EVA LÖBER

Verändern wir die Welt oder verändert die Welt uns? Dieses Motto begleitet uns seit Beginn der Weltausstellung. Luther hat die Welt verändert. Das Reformationsjubiläum hat unsere Stadt verändert. Ob es die heutige Welt verändert, indem die beiden Kirchen wieder zueinanderfinden, bleibt eine offene Frage. Ob es auch die Menschen dieser Stadt verändert? Ich glaube ja. In Wittenberg ist viel passiert: zunächst die vielen Baustellen, als die historischen Stätten des Reformationsjubiläums restauriert, erneuert oder auch verändert wurden.

Die Stadt hat sich schön gemacht für all die Gäste, die der Reformation gedenken wollen. Wir Wittenberger profitieren doppelt: durch die Restaurierung der Bauwerke und die inhaltliche Gestaltung des Reformationssommers, die wir mit allen Zügen genießen können.

Im Vorfeld erfuhren grundsätzliche inhaltliche Konzepte der Stadt in der örtlichen Verankerung eine gravierende Veränderung. Das Predigerseminar, das nach der Schließung der Universität 1817 als Nachfolgeeinrichtung im Augusteum angesiedelt war, sollte dem Schlosskomplex eine neue inhaltliche Prägung geben. Ausbildungsstätte und Predigtort

KAPITEL IV.2. | Beobachtungen einer Wittenbergerin

»ENTRÜSTET EUCH!
Ein literarisch-musikalischer Abend«, unter anderem mit Konstantin Wecker auf der Schlossbühne.

der Vikare wurden vereinigt. Bereits 2015 wurde das Augusteum für das Cranach-Jahr Ausstellungsort, auch heute ist es Präsentationsort für die nationale Sonderausstellung. Wundervolle Ausstellungsräume sind entstanden, aber Luthers Wirkungsstätte ist damit zum reinen Museum, zum Präsentationsort von Erinnerung geworden und nicht mehr ein lebendiger Diskussionsort für Theologie und Gesellschaft. Viele Wittenberger bedauern das.

Eine wichtige Entscheidung für die Gestaltung des Jubiläums ist mit der Ansiedlung des Panoramas »Luther 1517« von Yadegar Asisi getroffen worden. Mit der Eröffnung im Oktober 2016 wurde ein interner Auftakt für das Reformationsjubiläum gesetzt. Das Panorama »Luther 1517« zieht viele Gäste nach Wittenberg, die einen Eindruck von der Stadt zur Zeit Luthers gewinnen und eine Ahnung von seinem Wirken bekommen möchten. Neugierige verlassen diesen Ort und wollen mehr von Luther wissen, was sie während des Reformationssommers in der Weltausstellung auch finden können. Viel Zeit braucht man dafür.

Als ungemein aufregend habe ich die Zeit vor der Eröffnung der Weltausstellung erlebt. Überall um die Altstadt herum waren junge Leute aktiv, die etwas zusammen bauten. Der Gedanke, dass Reformation »Baustelle« bedeutet, hat mich regelrecht erfreut. Noch in der Woche vor dem 20. Mai 2017 konnte man nicht glauben, dass es wirklich losgehen sollte.

Es entstanden wunderbare Plätze unter freiem Himmel, die zum Verweilen, zum Diskutieren und zum Genießen des Ortes einladen.

Temporäre Bauwerke bereicherten einen Sommer lang in ästhetischer Weise das Stadtbild. Es war sichtbar, dass es um einen anspruchsvollen Jubiläumssommer ging und nicht nur um ein flüchtiges Festwochenende. Auch die Natur wurde an einzelnen Stellen einbezogen, wie beispielsweise im Paradiesgarten oder am Standort »Talents Tents«. Für mich ist dies symbolisch, hier kann die Sicht auf die Reformation und unser eigenes Handeln wachsen und sich entwickeln. Doch das äußere Erscheinungsbild ist nur das eine, die inhaltliche Gestaltung und Fragestellung das andere. Welche Fragestellungen werden im Blick auf die Reformation aufgeworfen? Blickt unsere Kirche nur auf Luthers Zeit oder stellt sie sich

> *»Ich selbst möchte in der Gemeinschaft der Mitchristen sichtbar erleben, dass der Glaube auch fröhlich macht, geborgen sein in Gottes Hand.«*

selbst kritischen Fragen zu ihrer Entwicklung, dem Rückgang von Mitgliederzahlen, der Gestaltung von Gottesdiensten oder zu Abendmahl und Glaubensbekenntnis? Heißt es, alte Traditionen zu bewahren? Und keine Suche nach neuen Wegen, um für Menschen wieder ein Ort des gemeinsamen Glaubens und Miteinanders zu sein? Unsere Gottesdienste strahlen selten etwas von dieser Fröhlichkeit aus – aber zum Weinfest konnte man einen solchen Gottesdienst erleben.

Was ist für mich wichtig an diesem Jubiläum, das mit einer Weltausstellung gefeiert wird? Zunächst ist es die Kunst, die sich in einmaliger Weise in diesen Wochen in Wittenberg konzentriert – im Panorama, im Lutherhaus, im Gefängnis, im Schloss, in der Schloss- und Stadtkirche, im Cranach-Haus und im Stadthaus. Welch künstlerischer Reichtum ist hier versammelt und uns als Reflexion auf das Reformationsjubiläum geschenkt! Beim Titel »Weltausstellung« ist man neugierig, was zu erwarten ist. Eigentlich können es nur die Themen sein, die die ganze Welt betreffen. In verschiedenen Torräumen werden auf ganz unterschiedliche Weise zum Beispiel Spiritualität, Frieden, Gerechtigkeit oder Bewahrung der

KAPITEL IV.2. | Beobachtungen einer Wittenbergerin

Schöpfung von den einzelnen Kirchen gestaltet. Fast wöchentlich wechseln in den Pavillons das oft ehrenamtliche Personal und die kulturellen Angebote. Es ist für die Wittenberger selbst bei großem Interesse kaum zu schaffen, alles wahrzunehmen, was ich mit großem Bedauern immer wieder feststellen musste. Die täglichen Andachten auf öffentlichen Plätzen oder in den Torräumen haben mit Singen und Beten das Flair der Stadt verändert. Über Wochen hinweg war für mich das Läuten der Glocken am Abend, das Stillwerden und das gemeinsame Singen ein Kraftquell nach einem vollen Arbeitstag. Aufgehobensein in dieser Gemeinschaft schafft ein neues Gefühl des Miteinanders, es macht offen für andere. Das ist etwas, wovon die Wittenberger in besonderer Weise profitieren werden, auch wenn die Weltausstellung ihre Tore einmal geschlossen hat.

Der Umgang mit Luthers Musik hat mich in vielen Konzerten fasziniert. Fritz Baltruweit oder auch der Hannoversche Knabenchor haben sich auf die ursprüngliche Form der Lutherlieder eingelassen, die einen fast tänzerischen Rhythmus und eine beeindruckende Fröhlichkeit ausstrahlen. Warum werden sie nur selten so gesungen? Das Spiel zwischen traditionellem Musizieren und dem freien Improvisieren in jazziger Form war ein Genuss.

Was bleibt an offenen Fragen, die durch Luther in der Reformation gestellt worden sind? Was davon geht uns heute an, und wo sind wir aufgefordert, zu den jetzigen Lebensformen unserer Kirche und der Gesellschaft Fragen zu stellen? Wer Veränderung will, muss eben auch mitwirken, und wie in der friedlichen Revolution 1989 muss man die Veränderung von unten her in Gang bringen, wenn es von oben nicht gelingt. Ich denke, dass Luthers kritischer Blick auf seine Kirche ihn auch heute zu einem Außenseiter machen würde. Selbst wenn sich die Welt seitdem sehr verändert hat.

Übrigens ist heute der 15. 8. 2017 – Ruhetag in der Weltausstellung. Morgen geht's weiter, und da muss ich wieder hin! Dem Vorbereitungsteam des Reformationssommers, den unendlich vielen Helfern ist eine gigantische organisatorische Meisterleistung gelungen, für die man unbedingt Dank sagen muss. —

»ENTRÜSTET EUCH! Ein literarisch-musikalischer Abend« mit Konstantin Wecker und Margot Käßmann, Blick auf die Schlossbühne.

KAPITEL IV.3. | Ich bin ein Teil davon

VOLUNTEERS
bei einer Diskussion im Café Friedenswege.

3

Ich bin ein Teil davon – *Rückblicke von Volunteers*

JASMIN SCHOOL / JANA PANNIER / ROBERTO GEOVANNI / RODRIGUEZ MONTESINOS

7:00 Uhr. Der Wecker meiner Mitbewohnerin, mit der ich mir für ein Jahr das Zwölf-Quadratmeter-Zimmer in der kleinen Dreier-WG teile, klingelt und reißt auch mich aus dem Schlaf.
Jasmin School

So bleibt mir noch eine halbe Stunde Zeit, um langsam wach zu werden, bevor das Bad frei ist. In meiner WG haben alle verschiedene Arbeitszeiten, die Abläufe am Morgen sind nach acht Monaten des Zusammenwohnens eingespielt. Stau vor dem Bad gibt es fast nie – höchstens vor dem Spiegel im Flur. Im Stehen dann noch ein kurzes Frühstück in der Küche, wo ich schon wieder vergeblich das volle Nutellaglas suche. WG-Leben live eben.

Um kurz vor neun Uhr geht es mit dem Rad zur Arbeit. Raus aus dem Plattenbauviertel, rein in die noch verschlafene Innenstadt. Ich starte meinen Tag als Volunteer der Marketingabteilung mit einem Abteilungs-Teammeeting in unserem Büro in der Geschäftsstelle im ehemaligen Melanchthon-Gymnasium. Kurz werden Aufgaben verteilt, Programmänderungen besprochen – das alles natürlich nicht ohne einen ersten Gang zur Kaffeemaschine. Dann ziehen alle los zu den verschiedenen

KAPITEL IV.3. | Ich bin ein Teil davon

VOLUNTEERS,
die den Reformationstruck begleitet haben, bei einem Gruppenfoto.

Einsatzstellen, entweder in die Shops oder in das Pressezentrum im Alten Rathaus. Ich mache mich zunächst mit Kamera, Zettel und Stift bewaffnet auf den Weg durch die Weltausstellung, fotografiere und rede mit den Ausstellern. Später im Pressezentrum schreibe ich darüber einen Newsartikel und werte die Fotos aus. Es macht unglaublich viel Spaß, so mit den verschiedensten Menschen ins Gespräch zu kommen und ihre Dialekte, Geschichten und Aufgaben kennenzulernen. Die Zeit verfliegt im Nu.

12 Uhr – Mittagszeit: Zum Mittag treffe ich mich mit allen Volunteers in der Kantine.
Jana Pannier
Dort kann man plaudern und seine Pause beim Essen aus der Grieboer Volunteersküche genießen. Nach der Pause geht es wieder in die Abteilung Programm, wo die Veranstaltungen für die Weltausstellung von zwei weiteren Freiwilligen sowie sieben Hauptamtlichen vorbereitet werden. Meine Aufgabe ist es, die Referenten mit Tickets zu versorgen, damit sie ebenfalls die Ausstellung besuchen können. Ansonsten helfe ich bei allem, was so ansteht: Vorbereitung und Betreuung von Veranstaltungen, Pläne und Übersichten erstellen oder andere kleinere Aufgaben, die dazugehören, zum Beispiel Plakate gestalten, Flyer verteilen oder Referenten abholen. Dann ist es auch schon 17:30 Uhr, und mein Arbeitstag neigt sich dem Ende zu.

EIN VOLUNTEER
im Pavillon »Die Reformation ist eine Weltbürgerin«.

Als Volunteer zu arbeiten, ist eine Erfahrung, die dir eine andere Perspektive auf das eigene Leben eröffnet – ob direkt oder indirekt.
Roberto Geovanni und Rodriguez Montesinos
Eine Erfahrung, die dich deine Erwartung ans Leben anders betrachten lässt: Wo du hingehst und vor allem, wo du stehst. Du verlässt dein Land und lernst Tausende Kilometer entfernt von zu Hause eine neue Kultur kennen.

Der Volunteers-Alltag gestaltet sich interessant. Die Arbeitszeit dauert bis 18 Uhr, manchmal länger oder kürzer, das hängt davon ab, wo man am jeweiligen Tag arbeitet. Wenn ich an einem Infopoint arbeite, muss ich Besuchern all ihre Fragen beantworten. Meistens erkläre ich, was die Weltausstellung ist und zeige ihnen, was sie besuchen können und wie sie dort hinkommen. Ich glaube, mir gefällt dieser Job besonders gut, weil ich Kontakt zu Menschen habe und es eine gute Übung für die Sprache und den Umgang ist. Es ist fast schon eine Tradition geworden, dass kurz vor Feierabend einer aus dem Team Waffeln aus dem »Talents Tent« holen geht, einfach, um den letzten Moment des Arbeitstages zu genießen.

Wenn ich mit der Arbeit fertig bin, gehe ich direkt in die Kantine und esse Abendbrot. Ich genieße diese Zeit, weil ich dort die Gelegenheit habe,

KAPITEL IV.3. | Ich bin ein Teil davon

mit dem Rest der Volunteers zu reden, den nationalen und den internationalen. Während des Essens tauschen wir uns über alle Neuigkeiten aus und entscheiden, was wir am Abend unternehmen wollen. An manchen Tagen etwa gehen wir in die »denkbar« und machen einen Filmabend. Wir genießen die Zeit mit der neuen Familie, die wir als Volunteers geworden sind. Manchmal feiern wir auch einen Geburtstag, dann treffen wir uns alle in der Wohnung des Geburtstagskindes.

Mittwochabends, zur Wochenmitte, müssen die meisten von uns erst mal durchatmen. Dafür haben wir eine Tradition, die wir »Flower Power« nennen. Jeden Mittwoch treffen sich fast alle Volunteers und singen Karaoke. Außerdem haben wir die Gelegenheit, nette Leute aus der Gegend zu treffen, auch wenn es leider Ausnahmen gibt, die nicht so freundlich sind. »FloPo« ist jetzt ein Teil meiner Erfahrungen als Mexikaner in Deutschland.

Neben dem Feiern und dem Relaxen freue ich mich auch über Momente, die ich für mich habe, in meiner Wohnung, meinem kleinen Reich. Bevor ich schlafen gehe, denke ich oft darüber nach, wie gut es mir hier geht. Es ist vielleicht nicht die beste Erfahrung meines Lebens, aber ich bin mir sicher, dass ich hier vieles gelernt habe. Es hilft mir, meinen Horizont zu erweitern und andere Dinge in meine Überlegungen einzubeziehen, bevor ich eine Entscheidung treffe oder vorschnell urteile.

Beim Reformationsjubiläum mitzuwirken, ist eine gute Erfahrung. Ich bin fast 10 500 Kilometer von zu Hause entfernt, aber ich vermisse es noch nicht. Ich habe Kontakt mit vielen unterschiedlichen Leuten und verschiedenen Kulturen. Ich spreche fremde Sprachen: neben meinem guten Spanisch auch Englisch, Französisch, Italienisch und ein wenig Deutsch.

Natürlich ist nicht nur das alles Reformation für mich. Ich bin ein Teil davon und ich habe das Gefühl, dass das Reformationsjubiläum 2017 mir hilft, mein eigenes Leben im Hinblick auf eine bessere Denkweise, überlegteres Handeln und meinem Menschsein insgesamt zu reformieren. ___

VOLUNTEERS
am Konfi-Pavillon: Über zehntausend Jugendliche kamen in diesem Sommer nach Wittenberg zu den Konfi- und Jugendcamps. Im Konfi-Pavillon gibt es Informationen zum Camp und viele aktuelle Eindrücke vom Campgelände. Zusätzlich finden regelmäßig interaktive Spiel- und Bewegungsangebote statt.

KAPITEL IV.4. | Als Aussteller auf der Weltausstellung

SEELSORGE
Riesenrad »Zwischen Himmel und Erde« im Torraum »Ökumene«.

4

Als Aussteller auf *der Weltausstellung*

KATHRIN JAHNS *Pfarrerin*

SILVIA MUSTERT *Pastorin*

FABIAN VOGT *Pfarrer und Autor, betreute das Projekt LichtKirche der Evangelischen Kirche in Hessen und Nassau*

Dem Himmel so nah – das EKD-Riesenrad im Reformationssommer
Kathrin Jahns

»Fährst du mit uns?« Der Junge lachte mich übers ganze Gesicht an. »Soll ich denn?« »Jaaaaa!« So kam ich zu einer schönen Fahrt mit Jannik (9) und seiner Mutter im EKD-Riesenrad. Jannik und ich freundeten uns an. »Können wir noch was zusammen machen?«, fragte er. Ich musste ihn auf den nächsten Tag vertrösten.

Im Juli war ich – zusammen mit Kollegen von der Kreuzfahrt-Seelsorge – eines der Gesichter der EKD-Seelsorge. Das Riesenrad wurde nicht von Menschenmassen gestürmt, aber meistens gab es gut zu tun. Alle waren zu Fahrten im Riesenrad eingeladen. Die kleinen bunten, mit Segensworten bedruckten »Fahrscheine«, die ich den Menschen auf den Weg zwischen Himmel und Erde mitgeben konnte, fanden regen Zuspruch. »So eine schöne Geste!«, hörte ich. Oder überraschte Ausrufe: »Das ist ja mein Konfirmationsspruch!« Die Gäste waren tief berührt, wenn sie ihr Wort in den Händen hielten. Mein Gedanke: »Da hat der Heilige Geist gute Arbeit geleistet…« – manches Mal sagte ich das auch.

KAPITEL IV.4. | Als Aussteller auf der Weltausstellung

Viele Wittenberger, junge und alte Menschen aus Deutschland, aber auch aus den Niederlanden, aus Papua-Neuguinea, aus Südkorea; Großeltern, Enkel, Familien, Gäste, Mitarbeitende – alle freuten sich über die luftige Fahrt in der Höhe.

Ich dachte an Jannik. Am folgenden Tag kam er wieder, es gab viel zu erzählen. Zwei große Runden drehten wir gemeinsam – eine fuhr er mutig allein. Zeit für ein Gespräch mit seiner Mutter – über Gott und darüber, wie stark die nichtreligiösen Prägungen im Osten weiterwirken. Ob ich denn mal in seine Heimatstadt komme, fragte Jannik. Schnell konnte ich Ja sagen, denn eine Reise dorthin hatte ich schon geplant. Kurz vor dem Abschied wollte ich Jannik segnen. »Was ist das denn?« »Hmmm, gar nicht so einfach zu erklären… Vertraust Du mir?« Ein langes »Jaaaa« kam mir entgegen. Ganz still saß er da – und dann: »Boah, ist das cool!!!« Im Augenwinkel sah ich seine gerührte Mutter.

Adressen sind getauscht, ein Wiedersehen ist geplant – gedanklich waren wir beide schon miteinander im Zoo. Inzwischen hat Jannik eine eigene E-Mail-Adresse – ich freue mich schon auf seine nächste Antwort.

Für mich war und ist das Seelsorge-Riesenrad ein gelungenes Projekt, und ich bin wirklich froh, dass ich ein Teil davon sein konnte. Und ich bin froh darüber, Jannik getroffen zu haben.

Draußen vor der Tür
Silvia Mustert
Einige Tage mache ich nun Dienst im Erlebnisraum Taufe. Am Taufbecken. Im Ankommensraum. Vor der Tür. Innerhalb des Teams wechseln wir immer mal wieder die Position. Die draußen vor der Tür hat mich am meisten beschäftigt. Hier steht man außerhalb der gestalteten Räume, die eigentlich fast jedes Wort überflüssig machen.

Hier, draußen vor der Tür, geht es noch nicht um Taufe, sondern um Sonne und Regen, um das Geklapper der Störche von gegenüber und die Menschen, die zum Ärztehaus an der Ecke eilen, um junge Mädchen, die kichernd in die Stadt schlendern und die Nachbarin mit dem störrischen Beagle, der nur wenige Meter laufen will. Hier kommen sie

RAUM DER RUHE
im Erlebnisraum Taufe der Landeskirche Hannover.

KAPITEL IV.4. | Als Aussteller auf der Weltausstellung

vorbei, die zufällig Schlendernden und die mit dem grünen Reformationssommerband um den Hals. Manchmal kommt auch lange Zeit niemand.

Wen spreche ich an und wie? »Guten Morgen, darf ich Sie einladen in unseren Erlebnisraum Taufe?« Wie seltsam, da so zu stehen und wildfremde Menschen anzusprechen. Und wie schön. Manche senken den Blick und eilen vorbei. Andere bleiben stehen. »Kurt, haben wir so viel Zeit?« Kurt nickt, und die beiden betreten die Welt hinter der blau getönten Tür. Andere nähern sich zielstrebig, sie haben vom Erlebnisraum gehört und ihn bewusst gesucht. Ein junges Paar verkündet laut, dass sie eigentlich Heiden sind. Aber sie gehen hinein. Kaum jemand reagiert unfreundlich. Auch, wenn unser Gruß und unsere Einladung manchmal spürbar den Alltagslauf stören.

Ist das etwas von der Zukunft der Kirche? Nicht warten, sondern rausgehen. Nicht resignieren, sondern einladen. Sorgsam gestaltete Räume bereithalten. Einen Schluck Wasser. Ruhe. Und ein Segenswort. »Der Herr denkt an euch und segnet euch.« Ein Paar fasst sich an den Händen. Ihr kommen die Tränen. Und dann gehen sie wieder hinaus, in ihre Welt. Draußen vor der Tür.

Segen erleben
Fabian Vogt

Natürlich war das ein »Reformationssommer«. Und was für einer! Unvergesslich, gefühlvoll, leidenschaftlich. Und die, die dabei waren, sagen: »Das gibt's nur einmal. Und wir werden es nicht vergessen.«

Die Evangelische Kirche in Hessen und Nassau hat nicht nur ihre mobile LichtKirche, ein sakrales Kunstwerk, zur Weltausstellung mitgebracht, sondern auch einen Segensparcours – einen spirituellen Erlebnispfad, dessen Attraktion das umstrittene Kunstwerk »BlessU-2« wurde, der erste Segensroboter der Welt.

Die provokante Installation sollte zum Nachdenken über den Segen und die Folgen der Digitalisierung für unsere Gesellschaft einladen. Und das hat sie wahrlich getan. Drei Monate lang wurde rund um »BlessU-2« angeregt und aufgeregt diskutiert.

GÄSTE
(Bild li.) im Erlebnisraum Taufe vor einer mehrmedialen Installation.

MARGOT KÄSSMANN
(Bild re.) vor dem Segensroboter »BlessU-2« der Evangelischen Kirche Hessen und Nassau.

Bei aller Lust am intellektuellen Austausch waren es aber die emotionalen Reaktionen, die in Erinnerung bleiben werden. Selbst überzeugte Kritiker, die einen Versuch mit dem digitalen Segen wagten, gestanden ein: »Es hat mich berührt.«

Tausende von kirchendistanzierten Gästen wurden zum ersten Mal in ihrem Leben gesegnet – und viele baten anschließend in der LichtKirche um den Segen eines Menschen. Man will ja vergleichen können. Und wer das gewagt hatte, der blieb auch gerne zu den Segensandachten, zum Gottesdienst oder zu einer der Kulturveranstaltungen, in denen das Thema »Segen« vertieft wurde.

So entwickelte sich zum Beispiel aus der Idee eines freitäglichen Abendsegens ein wöchentliches Segensfest, zu dem am Ende jedes Mal rund 400 Menschen (größtenteils aus der Region) kamen, um miteinander die Arbeitswoche ausklingen zu lassen und gesegnet ins Wochenende zu starten. Ein Format, das die Wittenberger Stadtkirchengemeinde weiterführen wird.

Kann ein Roboter segnen? Schwer zu sagen! Eines kann er auf jeden Fall: zum Segen werden.

KAPITEL IV.5. | Eine Zeltstadt für die Jugend

KONFIRMANDEN
am Refo.Beach.

5

Eine Zeltstadt für die Jugend – *KonfiCamps in Wittenberg 2017*

TOBI BERNHARD
betreute die KonfiCamps als Mitarbeiter von r2017

JAN JANSSEN
Bischof der Evangelisch-Lutherischen Kirche in Oldenburg

Im Reformationssommer fanden elf KonfiCamps für jeweils bis zu 1500 Teilnehmende in einer eigens dafür eingerichteten Zeltstadt am Nordrand der Lutherstadt Wittenberg statt. Immer von Mittwochmittag bis Sonntagmittag füllten sie das Gelände mit Leben. Die drei Tage dazwischen waren abwechslungsreich und spannend mit Workshops und einem Ausflug in die Lutherstadt vollgepackt. Keine Zeit für Langeweile: vormittags ein inhaltlicher Impuls zum Thema des Tages mit anschließender Gruppenarbeit in den Gemeindegruppen, nachmittags Spiel- und Kreativangebote in parallel angebotenen Workshops.

Das Abendprogramm rundete das Programm ab: ob ein Geländespiel mit 1500 Jugendlichen – die große Lutherverschwörung, ein Lobpreisabend mit anschließender Disco oder der Abschlussabend mit einer großen Camp-Gala und einem Segensgottesdienst mit dem Angebot von Einzelsegnungen im Anschluss, die von vielen Jugendlichen sehr gerne in Anspruch genommen wurden.

Elf Wochen KonfiCamps – das bedeutete auch, dass an 33 Tagen während des Reformationssommers bis zu 1500 Konfis und ihre Teamerinnen

KAPITEL IV.5. | Eine Zeltstadt für die Jugend

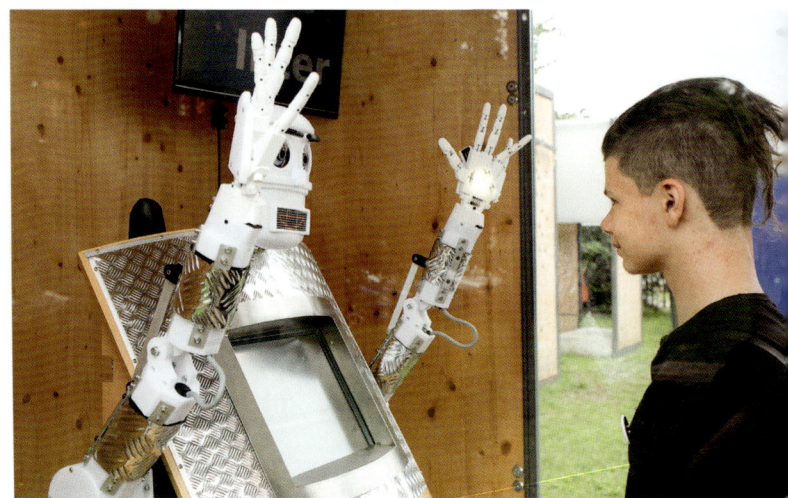

KONFIRMAND
vor dem Segensroboter

und Teamer in der Stadt Wittenberg unterwegs waren. An den drei Haupttagen Donnerstag bis Samstag kamen sie vom Camp-Gelände in die Stadt, um das zu erleben, was sie als inhaltliche Aussage unter dem Motto »trust and try« auf dem Camp erfahren hatten: Der Donnerstag stand mit der Leitfigur Pauline unter dem Thema »Du bist von Gott so geliebt wie du bist, dafür musst du nichts leisten oder tun«. Am Freitag wurde an der Geschichte von Fynn erfahrbar: »Gott vertraut dir und gibt dir Kraft und Mut zum Leben.« Und am Samstag sorgten Nils und Clara dafür, dass wirklich jedem und jeder klar wurde, dass es im Vertrauen auf Gott möglich ist, das eigene Leben verantwortungsvoll zu gestalten. So wurden die großen reformatorischen Themen wie die Rechtfertigungslehre, die bedingungslose Gnade Gottes und die Freiheit zur Verantwortung spielerisch und mit allen Sinnen für die ca. 13-Jährigen erfahrbar.

Im Ausflug nach Wittenberg bekamen die Erfahrungen des Camps eine zusätzliche Bedeutung: Am historischen Ort erlebten die Jugendlichen, was die inhaltlichen Aussagen nicht nur mit ihnen und ihrem Leben, sondern auch mit den Ereignissen der Reformation zu tun haben. Selbst dort zu stehen, wo Martin Luther gepredigt hat, ließ niemanden unberührt. Auch besondere Führungen im Melanchthonhaus, in der Stadt- oder Schlosskirche, die die Volunteers extra für die Zielgruppe der 13-Jährigen konzipiert hatten, waren mögliche Programmpunkte. Darüber hinaus besuchten die meisten das Asisi-Panorama, chillten an der Refo.Beach des CVJM und erklommen den Kletterturm der aej am »youngPOINTreformation«. Auch andere Orte der Weltausstellung wurden von den Konfis entdeckt, zum Beispiel »BlessU-2«, der Segensroboter an der LichtKirche, die große Bibel am Bahnhof, der Bunkerberg oder das Riesenrad. Den Abschluss eines jeden Wittenberg-Ausflugs bildete eine Andacht mit Musik und kurzen Gedanken zum Tag in der Stadtkirche oder in der Schlosskirche, einmal auch an der LichtKirche. Auch diese Andachten wurden überwiegend von den Volunteers gestaltet und hinterließen einmal mehr beeindruckte Konfis und ihre Teamerinnen und Teamer.

Nach dem langen Nachmittag in der Stadt kamen die Konfirmandinnen und Konfirmanden dann allerdings auch gerne zum abendlichen Feiern wieder zurück auf das Camp – dank des unermüdlichen Einsatzes der Volunteers ihr Zuhause auf Zeit!

»Es war ein Privileg, dabei zu sein«
Katharina Kentsch, Teamerin im KonfiCamp

»Ist es nicht wunderbar, an diesem Tag dabei zu sein? Es ist ein Privileg. Erachte es nicht als klein...« Wenn die KonfiCamp-Band »Nicht aus Prag« das Lied »Privileg« vor 1500 Konfirmandinnen und Konfirmanden spielte und sie alle einstimmten und mitsangen, dann spürte man, was Gemeinschaft und was KonfiCamp eigentlich bedeutet! Gemeinsam singen, beten, lernen, lachen, weinen und evakuieren – mal durch gute Zeiten gehen und auch mal durch schlechte!

Die vier Wochen, die ich als Teamerin im KonfiCamp in Wittenberg verbracht habe, waren genau davon geprägt und deshalb für mich unvergesslich. Am meisten Spaß hatte ich mit den Jugendlichen während der Workshopzeit. 25 Konfirmandinnen und Konfirmanden aus verschiedenen europäischen Gemeinden konnten bei mir »Stop motion«-Filme mit dem Playmobil-Martin-Luther in der Hauptrolle drehen. Von der Entführung Luthers bis zur Hochzeit mit Katharina von Bora und den Flitterwochen am Strand war alles dabei!

Nach dem Workshop gab es für alle die Möglichkeit, sich auf Hüpfburgen, beim Volleyball oder in einem Badezuber auszutoben.

KAPITEL IV.5. | Eine Zeltstadt für die Jugend

Ein Riesenspaß – vor allem, wenn das Wetter mitgespielt hat! Nur ein einziges Mal in meiner Zeit dort gab es ein so starkes Gewitter, dass wir tatsächlich alle Konfirmandinnen und Konfirmanden in eine Turnhalle evakuieren mussten. Doch auch das war gar kein Problem, weil mit lauter Musik, Tanz und Geklatsche (fast) alle bei Laune gehalten werden konnten. Außerdem bekamen wir wirklich schöne Regenjacken, wenn ein Schauer vorbeizog, sodass man sich fast gefreut hat, wenn man seine Jacke endlich wieder anziehen durfte!

KonfiCamp heißt allerdings nicht nur Spaß und Action, sondern auch die Auseinandersetzung mit dem eigenen Glauben. Ich war hauptsächlich verantwortlich für eine Nachtkirche, die Gottes Schöpfung als Thema hatte. Bei Kerzenschein und Stille konnte man sich mit sich selbst und Gott auseinandersetzen. Die anschließende Andacht im Dom bot einen besinnlichen Tagesabschluss, und in der Teamerkneipe wurde auch nach Dienstschluss noch über Gott und die Welt diskutiert.

In den vier Wochen, die ich in Wittenberg verbracht habe, konnte ich viele solcher Unterhaltungen führen, durfte wundervolle Menschen kennenlernen und eine Menge neue Erfahrungen machen, die ich auf keinen Fall missen möchte.

Es war wunderbar, in dem KonfiCamp zu sein. Es war ein Privileg und ich erachte es nicht als klein!

VON BESUCHERINNEN
und Besuchern gestaltete
Plakate im Pavillon »young-
POINTreformation«.

Bibliografische Information der Deutschen Nationalbibliothek:
Die Deutsche Nationalbibliothek verzeichnet diese Publikation in der
Deutschen Nationalbibliografie; detaillierte bibliografische Daten
sind im Internet über http://dnb.d-nb.de abrufbar.

© 2017 by edition chrismon in der Evangelischen Verlagsanstalt GmbH · Leipzig
Printed in Germany

Das Werk einschließlich aller seiner Teile ist urheberrechtlich geschützt.
Jede Verwertung außerhalb der Grenzen des Urheberrechtsgesetzes ist ohne
Zustimmung des Verlags unzulässig und strafbar. Das gilt insbesondere
für Vervielfältigungen, Übersetzungen, Mikroverfilmungen und die Einspeicherung
und Verarbeitung in elektronischen Systemen.

Das Buch wurde auf alterungsbeständigem Papier gedruckt.

Coverbild: Andreas Schoelzel
Fotos: S. 21–27: Johannes Göring, S. 81 oben: Dieter Junker; alle anderen: Kolja Warnecke
S. 160: Pascale Tayou, © VG Bild-Kunst
S. 162: Olaf Metzel, © artist; Markus Lüpertz, © VG Bild-Kunst; Miao Xiaochun, © Miao Xiaochun

Hansisches Druck- und Verlagshaus · Frankfurt am Main
Covergestaltung: Anja Haß
Innenlayout: Ingeborg Schindler

Druck und Bindung: BELTZ Bad Langensalza GmbH

ISBN 978-3-96038-085-6
www.eva-leipzig.de